Piri 4

Das Sprach-Lese-Buch

Erarbeitet von
Kerstin Ende
Angela Hock-Schatz
Sonja Kargl
Ute Schimmler
Karin Schramm
Sabine Trautmann

Ernst Klett Verlag
Stuttgart · Leipzig

Zeichenerklärung:

AH S. 14	Verweis zum Arbeitsheft
S. 20	Verweis zum Lesetext
📖	Verweis zum Leselexikon
④	Differenzierungsaufgabe Sprache
○	Differenzierungsaufgabe Lesen

1. Auflage

1 ⁵ ⁴ ³ ² ¹ | 2014 13 12 11 10

Erarbeitet von: Kerstin Ende, Angela Hock-Schatz, Sonja Kargl, Ute Schimmler, Karin Schramm, Sabine Trautmann

Redaktion: Anke Meinhardt
Herstellung: Marion Krahmer

Gestaltungskonzeption: sofarobotnik, Augsburg
Illustrationen: Anke Fröhlich, Leipzig; Sylvia Graupner, Annaberg; Heike Herold, Köln; Dieter Konsek, Wilhelmsdorf; Cleo-Petra Kurze, Berlin; Klaus Müller, Berlin; Claudia Weikert, Wiesbaden
Kapitelauftaktseiten: KASSLER Design, Leipzig
Umschlagillustration: Anke Fröhlich, Leipzig
Satz: Alexander Della Giustina, Leipzig
Reproduktion: Meyle + Müller GmbH + Co. KG, Pforzheim
Druck: Offizin Andersen Nexö Leipzig GmbH, Zwenckau

Printed in Germany
ISBN: 978-3-12-300244-1

Inhalt

Gemeinsam Freunde finden

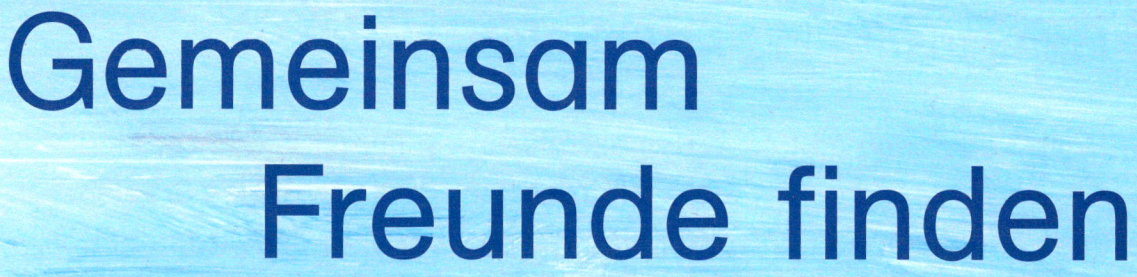

Wir können viel zusammen machen:
Spielen, streiten, weinen, lachen.

Lange am Computer sitzen,
bei Diktaten heftig schwitzen,
Referate vorbereiten,
über Lösungswege streiten,
bei Problemen andere fragen,
ehrlich sich die Meinung sagen,
für den Wettkampf viel trainieren,
auf dem Schulhof zittern, frieren,
anderen beim Reden lauschen,
Bilder oder Sticker tauschen.
Übers Wochenend verreisen,
Pizza und Spagetti speisen.

Einfach Grenzen überwinden
und gemeinsam Freunde finden.

Gemeinsam in der Schule

Nach den Ferien gibt es in der vierten Klasse immer wieder Streit.
Die Kinder sprechen im Kreis mit ihrer Lehrerin über dieses Problem.
Jedes Kind soll nun aufschreiben, welche Regeln in der Klasse gelten
sollen und worauf jeder Einzelne in Zukunft besonders achten will.

❶ Welche Regeln gelten in deiner Klasse?
Was kannst du durch dein Verhalten für die Gruppe beitragen?

> Ich melde mich.
> Ich flüstere bei Gruppenarbeiten.
> Ich schupse niemanden.
> Ich nehme nichts einfach weg.

Die Klassensprecherin Lotta fasst einige Vorschläge zusammen:
Niemand darf während des Unterrichts dazwischenrufen, sich laut mit
anderen unterhalten, seinen Nachbarn anschubsen, im Klassenraum
umher rennen oder anderen Arbeits- und Spielmaterialien wegnehmen.

❷ Schreibe den Text ab und markiere die Kommas farbig.

> Werden **Wörter oder Wortgruppen aufgezählt**, trennt man diese
> durch **Kommas**. Bei einer Aufzählung steht **vor „und" oder „oder"
> kein Komma**. Ich möchte mit anderen spielen, arbeiten, lachen
> und Ausflüge machen.

Die Kinder haben sich auch Verhaltensregeln für die Pausen überlegt.

niemanden ärgern   drängeln   beleidigen   an den Haaren ziehen

❸ Bilde mit allen Wörtern einen Satz. Achte auf die Kommas.
Schreibe so: *Wir wollen niemanden …*

AH S. 4

4 Schreibe ab, was die Kinder sagen. Markiere die Kommas und die Konjunktionen.

> Sätze können durch **Konjunktionen** (Bindewörter) miteinander verbunden werden. Solche Konjunktionen sind zum Beispiel: **denn, weil** und **aber.** Vor diesen Konjunktionen steht ein **Komma.**

Was muss geschehen, wenn Regeln nicht eingehalten werden?

> Wenn man jemanden beschimpft oder verletzt, dann muss man sich entschuldigen.
> Wenn man jemandem etwas zerstört, dann muss man es ersetzen.

5 Schreibe den Text ab und markiere die Kommas.

> Sätze mit **„Wenn ..., dann ..."** werden durch ein **Komma** getrennt: **Wenn** ihr konzentriert arbeitet, **dann** seid ihr schnell fertig.

6 Formuliere weitere Regeln mit „Wenn ..., dann ...".

7 Ihr könnt die Regeln in einem Klassenvertrag festhalten.

S. 16

Kummerkasten

Frau Lepper schlägt die Einrichtung eines Kummerkastens vor.
Die Kinder schreiben ihre Probleme und Beschwerden auf.
Sie werfen die Briefe in den Kasten ein.
Jeden Freitag liest die Klassensprecherin die Briefe vor.
Anschließend denken alle über eine Lösung nach.

❶ Schreibe den Text ab.

❷ Erfrage die Subjekte und Prädikate.
Unterstreiche sie in unterschiedlichen Farben.

> Subjekte und Prädikate sind Satzglieder.
> **Prädikate** bestehen aus **zwei Teilen**, wenn sie aus einem
> **zusammengesetzten Verb** gebildet werden:
> Die Kinder schreiben ihre Probleme auf. (Grundform: aufschreiben)

> Jan hat mir das Lineal auf den Kopf gehauen. Ali

> Ich will lieber neben Klara sitzen. Lisa

> Tim soll mir eine neue Brotdose kaufen. Lea

❸ Schreibe die Sätze ab. Erfrage die Subjekte und Prädikate.

> **Prädikate** bestehen aus **zwei Teilen**, wenn sie aus einem **Verb** und
> einem **Hilfsverb** wie **haben**, **wollen** oder **sollen** gebildet werden:
> Die Klasse hat Regeln aufgestellt. Alle wollen sie einhalten.

❹ Überlegt euch, welche Vor- und Nachteile die Einrichtung
eines Kummerkastens haben können.

⑤ Du kannst Pro und Kontra in einer Tabelle gegenüberstellen.

S. 17

AH S. 6

Streit schlichten

Frau Lepper erkundigt sich bei Lea: „Warum soll Tim dir eine neue
Brotdose kaufen?" Lea antwortet aufgebracht: „Er hat gestern in
der Pause gegen meine Brotdose getreten und jetzt ist sie kaputt."
„Das war doch gar keine Absicht!", entgegnet Tim. „Das glaube ich nicht!",
erwidert Lea. „Du hast die Brotdose einfach auf den Boden gestellt
und da habe ich sie nicht gesehen", rechtfertigt sich Tim.

❶ Wie könnte dieser Streit geschlichtet werden? Sammelt Vorschläge.

❷ Schreibe den Text ab. Unterstreiche die wörtliche Rede und
die Begleitsätze in unterschiedlichen Farben.

❸ Unterstreiche alle Verben des Wortfeldes sagen im Text.

> Der **Begleitsatz** kann **vor** oder **hinter** der wörtlichen Rede stehen.
> Der **nachgestellte Begleitsatz** wird durch ein **Komma** vom
> Gesprochenen getrennt:
> „Hast du dich bei Lara entschuldigt?", **fragt die Lehrerin**.
> Ist die wörtliche Rede ein Aussagesatz, setzt man keinen Punkt:
> „Es tut mir leid", **sagt Tim**.

Wie könnten
Lea und Tim
das Problem lösen?

Tim sollte
eine neue Dose
besorgen.

Lea hätte besser
auf ihre Dose
aufpassen sollen.

❹ Schreibe das Gespräch mit nachgestellten Begleitsätzen auf.
Verwende in den Begleitsätzen unterschiedliche Verben für sagen .

❺ Findet eine Lösung für das Problem, indem ihr die Situation nachspielt.

S. 18/19

Gemeinsam etwas planen

Die Kinder wollen ihren Klassenraum neu gestalten.
Sie sammeln Ideen und überlegen, wer ihnen helfen kann.

| Der Hausmeister … | Die Lehrerin … | Die Eltern … | Die Kinder … |

… bauen neue Regale auf.   … bringen Pflanzen und Spiele mit.

… streicht die Wände neu.   … hängt schöne Bilder auf.

❶ Überlege, wer die einzelnen Aufgaben übernehmen kann.
Schreibe so: *Wer baut neue Regale auf? Die Eltern bauen neue Regale auf.*

> Nomen können im Satz in vier verschiedenen Fällen stehen.
> Das **Subjekt** steht im **Nominativ (1. Fall)**.
> Man erfragt den Nominativ mit der Frage **Wer?** oder **Was?**
> Die Kinder bringen Spiele und Pflanzen mit.
> **Wer** bringt Spiele und Pflanzen mit? Die Kinder. (Subjekt im Nominativ)

Die Farbe ist mit der Arbeit fertig. *Der Hausmeister* muss noch trocknen.

Nun wäscht *der neue Klassenraum* die Pinsel aus. *Er* gefällt allen sehr gut.

❷ Bilde sinnvolle Sätze. Unterstreiche jeweils den Nominativ.

AH S. 8

Die Klassenfahrt

Die Klasse 4b plant eine Klassenfahrt.
Im Internet informieren sie sich über
verschiedene Ziele.
Hanna verfasst Briefe an mehrere
Schullandheime und Jugendherbergen
und bittet um nähere Informationen.

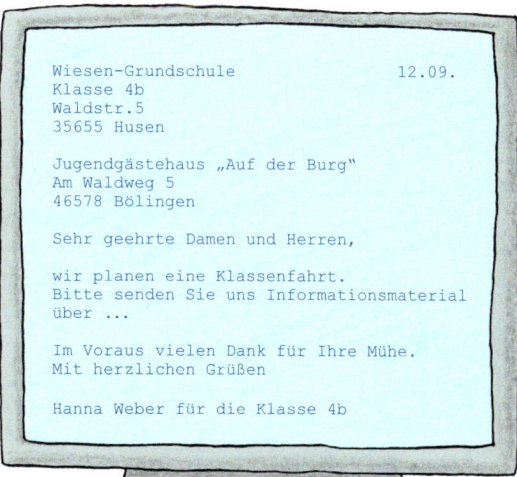

```
Wiesen-Grundschule                  12.09.
Klasse 4b
Waldstr.5
35655 Husen

Jugendgästehaus „Auf der Burg"
Am Waldweg 5
46578 Bölingen

Sehr geehrte Damen und Herren,

wir planen eine Klassenfahrt.
Bitte senden Sie uns Informationsmaterial
über ...

Im Voraus vielen Dank für Ihre Mühe.
Mit herzlichen Grüßen

Hanna Weber für die Klasse 4b
```

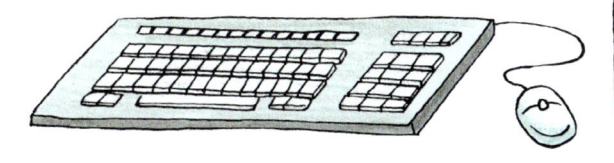

❶ Welche Informationen sind für die Klasse wichtig?

Schreibtipps für offizielle 📖 Briefe

1. Schreibe oben links deinen Namen und deine Anschrift.
2. Ergänze in der ersten Zeile oben rechts das Datum.
3. Notiere nun links unter deiner Anschrift den Namen und
   die Anschrift des Empfängers.
4. Beginne den Brief mit der allgemeinen Anrede
   „Sehr geehrte Damen und Herren, …" oder sprich jemanden
   direkt an, z.B. „Sehr geehrter Herr Müller, …".
5. Beschreibe dein Anliegen möglichst genau.
6. Beende deinen Brief mit einer Grußformel wie
   „Mit freundlichem Gruß" oder „Mit herzlichen Grüßen".
7. Denke an deine Unterschrift mit deinem Vor- und Nachnamen.

---

❷ Entwirf einen offiziellen Brief
an die Jugendherberge „Am Wald"
und bitte um Informationsmaterial.

> Jugendherberge „Am Wald"
> Buchenweg 13
> 24356 Bergdorf

❸ Vergleicht eure Briefe. Hat jeder die Schreibtipps beachtet?

🐎 S. 20/21 ⟩

Stadt oder Land?

> In der Fußgängerzone können wir schöne Dinge kaufen.

> Ich möchte eine Nachtwanderung im Wald machen.

> Hier gibt es viele interessante Sehenswürdigkeiten.

> Ich möchte lieber Tiere beobachten.

> Wir können zusammen ins Kino gehen.

> Wir können ungestört Fußball spielen.

❶ Welche Argumente 📖 sprechen für/gegen eine Klassenfahrt auf das Land? Lege eine Tabelle an.

❷ Ergänze eigene Argumente in Stichworten.

Pro	Kontra
- Vom Heim direkt in den Wald	- Kein Kino oder Theater
- ...	- ...

❸ Führt mit Hilfe eurer Eintragungen ein Streitgespräch zum Thema durch.

Regeln für ein Streitgespräch

1. Überlegt euch ein Thema, über das ihr ein Streitgespräch führen wollt.
2. Sammelt Argumente die dafür (pro) und dagegen (kontra) sprechen.
3. Ordnet die Argumente in eine Tabelle ein.
4. Sprecht in der Diskussion sachlich und höflich miteinander.
5. Hört euch gegenseitig zu und geht auf die Meinung der anderen ein.
6. Überlegt zum Schluss, wo eure Gemeinsamkeiten liegen.

Wohin fahren wir?

Bei uns seid ihr in 30 Minuten im Gewimmel der Großstadt. Es locken neben zahlreichen Sehenswürdigkeiten Theater, Kinos, der Zoo, das Aquarium und viele Museen mit wechselnden Ausstellungen. Höhepunkt kann der Besuch des Kindermuseums werden. Hier könnt ihr alles anfassen und ausprobieren.

Der Aufenthalt in unserem Schullandheim ist mit Sicherheit eine aufregende Erfahrung. Bei Wanderungen auf dem Naturlehrpfad und beim Besuch der alten Schmiede kann man viele Entdeckungen machen. Im Heim backt ihr unter fachkundiger Leitung Brot. Eure Sportlichkeit stellt ihr bei lustigen Spielen unter Beweis.

1 Schreibe alle Nomen mit -keit , -heit und -ung aus den Anzeigen heraus. Gib jeweils das Verb oder Adjektiv an, von dem das Nomen abgeleitet wurde:
Sehenswürdigkeiten – sehenswürdig, …

Ich will auch mit!

2 Schreibe eine Anzeige ab und unterstreiche alle Verben. In welcher Zeitform stehen sie?

> Die Zeitform **Präsens** zeigt an, dass etwas **jetzt** stattfindet. Sachverhalte, die **immer gültig** sind, werden auch im **Präsens** verfasst.

3 Schreibe in Stichwörtern auf, womit die einzelnen Anzeigen werben.

4 Schreibe einen Werbetext für deinen Heimatort. Vergleicht eure Texte.

Nora darf nicht mit

Schon bald informiert die Lehrerin
die Eltern in einem Brief
über die geplante Klassenfahrt
in das Schullandheim.
Am Abend gibt Nora ihrem Vater
den Brief. Er liest ihn sofort.
Gleich darauf schüttelt er den Kopf.
Er muss der Lehrerin seine
Entscheidung mitteilen.

❶ Warum möchte Noras Vater wohl nicht, dass sie an der Klassenfahrt
teilnimmt?

❷ Erfrage die Zeitbestimmungen und schreibe sie heraus.

Am nächsten Morgen sitzt Nora traurig in der Klasse. Der Brief ihres
Vaters liegt noch in ihrer Tasche. Schließlich nimmt sie ihn aus dem Ran-
zen und gibt ihn der Lehrerin. Die Lehrerin liest das Schreiben und schaut
Nora überrascht an. Sie bespricht mit den Kindern der Klasse
das Problem.

❸ Erfrage die Prädikate und schreibe sie heraus.
In welcher Zeitform stehen die Verben?

> Das **Präteritum** zeigt an, dass etwas **vor längerer Zeit** stattfand.

❹ Schreibe beide Texte im Präteritum auf: *Schon bald informierte …*

❺ Unterstreiche die Prädikate.

AH S. 10

Die Lehrerin besucht Noras Eltern zu Hause. Nora erwartet sie gleich hinter der Wohnungstür. Der Vater bittet den Besuch in das Wohnzimmer. Alle setzen sich an einen großen Tisch. Die Mutter kommt in den Raum. Sie stellt Tee auf den Tisch und nimmt neben ihrem Mann Platz.

6 Erfrage die Ortsbestimmungen und schreibe sie heraus.

> Ortsbestimmungen werden oft durch **Präpositionen** (Verhältniswörter) eingeleitet, wie zum Beispiel: **an, auf, aus, durch, hinter, in, neben, über, unter, vor.** Präpositionen geben an, in welchem Verhältnis Dinge oder Menschen zueinander stehen.

Noras Eltern machen sich Sorgen und haben viele Bedenken.
Sie haben Angst, dass ihrer Tochter etwas passiert.
Deshalb fragen sie:

– Wer hilft Nora aus dem Zug?
– Kann Nora ohne fremde Hilfe in ihr Zimmer gelangen?
– Wer schiebt den Rollstuhl durch den Wald?
– Wie kommt Nora unter die Dusche und auf die Toilette?
– Wer hilft Nora nach dem Schwimmen aus dem Becken?
– Ist an den Tischen ausreichend Platz?

7 Benenne die Nomen, die keine konkreten Dinge bezeichnen.

8 Schreibe die Fragen der Eltern ab. Unterstreiche die Ortsbestimmungen und markiere die Präpositionen.

9 Wie würdet ihr Nora helfen?

 S. 22–25

Die Brücke

Renate Welsh

- Erkläre den Weg vom ICH zum DU.

Aufpassen

JEDER MUSS LERNEN, SICH ANZUPASSEN, ABER GLEICHZEITIG AUFPASSEN, VERPASST ZU SAGEN: DAS ER NICHT DAS PASST MIR NICHT!

Hans Manz

- Was bewirken Worte in diesem Gedicht?

- Was können Worte noch auslösen?

Pechtag

Es klingelt zur Pause. „Na endlich!“, denkt Alina. Jetzt kann sie ihre
Trinkflasche rausholen. „Neu?“, fragt Rieke. Alina nickt stolz.
Die Flasche leuchtet wie ein Regenbogen. Jan und Ahmed schauen ganz
neidisch herüber. „Tolles Teil“, meint Ahmed. „Trink mal daraus“,
sagt Jan. Alina nickt. Plötzlich scheinen alle zu ihr hinzusehen,
Alinas Hände beginnen zu zittern. Zu blöd! Trinken ist doch nicht schwer!
Alina setzt die Flasche an. Aber die Brause kribbelt viel mehr als sonst.
Alina verschluckt sich. Sie hustet und würgt. Tränen schießen ihr
in die Augen. Rieke klopft Alina auf den Rücken. „Besser?“, fragt sie.
Alina nickt.
Sie möchte am liebsten in den Erdboden versinken. Einige Kinder kichern.
Und Paul meint spöttisch: „Kleiner Tipp, Alina: Versuch es doch
nächstes Mal mit einem Baby-Fläschchen!“
Jetzt lachen alle. Paul grinst zufrieden und kippelt lässig mit seinem Stuhl.
Doch plötzlich kippt er nach hinten – Rummms!
Paul landet auf dem Boden.
Wie peinlich!
Verlegen rappelt er sich wieder hoch.
Jetzt grinst Alina.
„Heute ist nicht unser Tag, was?“, ruft sie Paul zu.
Und dann müssen sie lachen.
Alle beide.

Katja Reider

● Was könnte Alina an diesem Abend in ihr Tagebuch schreiben?

○ Du kannst ihren Tagebucheintrag aufschreiben.

Warum ist streiten nicht gleich streiten?  S. 31

Zu Beginn der Deutschstunde schreibt Frau Baier das Thema an die Tafel: Streitgespräch.

„Im Streiten bin ich gut", ruft Jan sofort. „Da kriege ich eine Eins!"

„Na, dann komm doch gleich mal nach vorn und zeig uns, wie gut du streiten kannst", sagt Frau Baier. „Mit wem soll ich denn streiten?"

Frau Baier weiß, dass Jan Bayern-München-Fan ist. Also ruft sie noch den Werder-Bremen-Fan Axel nach vorn. Die beiden sollen ein Streitgespräch über ihre Lieblingsvereine führen.

„Bayern München ist die beste Mannschaft in Deutschland", behauptet Jan.

„Quatsch", widerspricht Axel. „Werder Bremen ist viel besser."

„Du hast doch keine Ahnung vom Fußball!" „Mehr als du!"

„Pah!", Jan winkt ab. „Bayern ist schon zehnmal deutscher Meister gewesen." „Und Werder schon zwanzigmal!"

Jan tippt sich an die Stirn. „Du spinnst!"

„Werd bloß nicht frech, sonst ..." Axel zeigt Jan eine Faust.

„Vor dir hab' ich keine Angst", entgegnet Jan und nimmt beide Fäuste hoch.

„Stopp!", ruft Frau Baier dazwischen.

Tobias meldet sich. „Die haben sich ja nur gestritten."

„Das sollten wir doch auch", meint Jan.

„Aber nicht so", sagt Frau Baier. „Ihr habt ja gar nicht über die Vereine geredet, sondern euch nur gegenseitig beschimpft."

Axel versteht nicht, was Frau Baier damit meint.

„So wie wir eben streiten doch alle."

„Meinst du?", fragt Frau Baier. „Das wollen wir gleich mal sehen."

Als Nächste kommen Lisa und Tom nach vorn. Sie sollen über Vampirgeschichten streiten.

„Ich finde Vampirgeschichten nicht gut", beginnt Lisa, „weil sie einem Angst machen."

„Mir machen sie keine Angst", entgegnet Tom. „Ich mag es, wenn ich mich ein bisschen grusele. Das ist so schön spannend."

„Ja, schon", gibt Lisa zu. „Aber ich habe zu Hause auch spannende Bücher ohne Vampire."

„Ich finde Bücher ohne Vampire und Monster nicht so spannend."
„Aber Vampire gibt's ja gar nicht", sagt Lisa.
„Na und?", fragt Tom. „Zwerge und Riesen, Zauberer und Hexen gibt es doch auch nicht. Und trotzdem kommen sie in vielen Büchern vor. Und du hast bestimmt schon solche Geschichten gelesen und findest sie spannend."

„Ja, aber ich mag Vampirgeschichten trotzdem nicht."
„Du musst ja auch keine lesen", sagt Tom. „Mach' ich auch nicht."
„Die reden ja nur!", ruft Jan. „Die streiten doch überhaupt nicht."
„Das war sogar ein sehr gutes Streitgespräch", sagt Frau Baier. „Lisa und Tom sind völlig verschiedener Meinung und haben das einander auch deutlich gesagt. Aber sie haben sich nicht beschimpft, obwohl beide bei ihrer Meinung geblieben sind."
„Und das soll ein Streit sein?", fragt Axel verwundert.
Frau Baier nickt. „Wenn jemand nicht meiner Meinung ist, gibt es keinen Grund, ihn deswegen zu beschimpfen, zu beleidigen oder ihm gar zu drohen, wie ihr beide das vorhin getan habt. Wo viele Menschen zusammen leben, gibt es viele Meinungen. Das ist ganz normal. Natürlich kann man darüber streiten, welches die richtige Meinung ist, und jeder kann versuchen, andere von seiner Meinung zu überzeugen. Aber wenn man das nicht schafft, muss man eben mit unterschiedlichen Meinungen miteinander leben lernen."

Manfred Mai

- Erkläre mit eigenen Worten, was ein Streitgespräch ist.

- Lege eine zweispaltige Tabelle an und trage das Pro und Kontra zum Thema „Vampirgeschichten" ein.

○ Du kannst die Tabelle mit eigenen Ideen ergänzen.

- Überlegt euch ein interessantes Thema und führt ein Streitgespräch.

Heimweh

Mit zischenden Bremsen hält der Bus auf dem Parkplatz neben
der Jugendherberge an. Die Schülerinnen und Schüler der Klasse 4 a
steigen aus und sehen sich neugierig um. Sie sind ein bisschen schlapp von
der Fahrt. Doch die Müdigkeit und die steifen Knochen vom langen Sitzen
sind sofort vergessen. Denn schon auf den ersten Blick gibt es tolle Dinge
zu entdecken: einen Fußballplatz, eine riesige Grillecke, einen Schuppen
mit Fahrrädern zum Ausleihen, einen Spielplatz mit tollen Geräten
zum Klettern und noch vieles mehr.

„Ah!" und „Oh!" rufen alle begeistert, bis der Busfahrer die Koffer-
klappe öffnet, die vielen Taschen und Rucksäcke herausholt und sie
nebeneinander aufreiht.

Herr Berger ruft die Klasse zusammen. Jeder schnappt sich sein Gepäck
und marschiert gut gelaunt in die Jugendherberge, aus der fröhliches
Lachen zu hören ist.

Nur Nick trottet langsam hinterher. Er hat keine Lust sich zu beeilen.
Wozu auch? Am liebsten würde er umdrehen und gleich wieder nach
Hause fahren.

Schon als der Bus heute morgen an der Schule losfuhr, ging es Nick richtig
schlecht. Der Magen fühlte sich leer an, der Bauch tat weh und der Kopf
auch. Die Haare waren nicht richtig gekämmt und das T-Shirt kratzte.
Er konnte seine Tasche mit dem Frühstück nicht finden, und als er sie
endlich gefunden hatte, war die Getränkeflasche leer und das Pausenbrot
auch noch mit der falschen Wurst belegt. Ein blöder Tag!

Missmutig stapft Nick durch einen dunklen Gang und schaut in das nächstbeste Zimmer hinein. „Komm herein!", ruft Mark. „Das ist dein Bett, genau neben meinem. Das ist doch super, da können wir abends noch quatschen."

Ohne ein Wort zu sagen, schleicht Nick zu dem Bett und setzt sich. Die anderen toben lautstark herum, beziehen ihre Betten oder packen ihre Taschen aus.

„Lasst uns rausgehen und die Gegend erkunden!", ruft Serkan plötzlich. Die Jungs stürmen aus dem Schlafraum. Nur Nick bleibt auf seinem Bett sitzen. „Kommst du nicht mit?", fragt Mark in der Tür.

Stumm schüttelt Nick den Kopf. „Ich will nach Hause", sagt er leise. Eine Träne rollt an seiner Wange hinab.

Mark sieht ihn nachdenklich an.

„Los, komm schon!", hört Nick die anderen draußen rufen.

„Nein! Nick weint!", ruft Mark zurück. „Ich glaube, er hat Heimweh!"

„Dann lass ihn doch, die alte Heulsuse!"

Das war Mike. So eine Gemeinheit! Nick wird böse.

Doch Mark lässt ihn nicht allein. Ganz im Gegenteil. Er schließt die Tür hinter sich und geht zu seinem Bett.

„Ich muss dir etwas zeigen", flüstert er und holt sein Handy aus einem Geheimfach in seiner Reisetasche. Nick staunt. Herr Berger hat verboten, ein Handy auf die Klassenfahrt mitzunehmen.

„Mama hat es mir mitgegeben, damit ich sie jeden Abend anrufen kann", erklärt Mark. Er tippt den Geheimcode ein und hält Nick das Handy entgegen. „Wenn du willst, kannst du deine Mama auch anrufen."

Nick denkt einen Moment lang nach. Dann schüttelt er den Kopf.

„Jetzt nicht", sagt er und schiebt entschlossen die Reisetasche unter sein Bett. „Vielleicht heute Abend. Jetzt lass uns erst einmal nach draußen gehen. Mal sehen, was es hier noch so alles zu entdecken gibt."

Mark nickt. Er versteckt das Handy wieder in seiner Tasche und rennt zusammen mit Nick aus dem Schlafraum, den anderen hinterher.

Ulli Schubert

- Warum hat Mark ein Handy dabei?

- Hattest du auch schon einmal Heimweh?

AH S. 13

Die Entdeckung  S. 31

Zu den „Krokodilern" gehören acht Jungen und ein Mädchen. Am liebsten spielen sie auf dem verlassenen Ziegeleigelände, dessen Betreten verboten ist. Wer zur Bande gehören will, muss eine gefährliche Mutprobe bestehen. Aber was kann Kurt, der Junge im Rollstuhl, tun, um in die Bande aufgenommen zu werden? Zunächst weigern sich die Krokodiler, Kurt in die Bande aufzunehmen. Als er jedoch eines Nachts von seinem Zimmer aus durch ein Fernglas drei junge Männer beim Einbruch in einen Supermarkt beobachtet, wird Kurt nicht mehr ausgeschlossen.

Sie warteten auf den Schulbus, der Kurt zu Hause ablieferte, und als dann der Ford Transit in die Silberstraße einbog und vor dem Haus hielt, sahen alle interessiert zu, wie Kurt mit seinem Rollstuhl auf der Rampe aus dem Wagen auf die Straße heruntergelassen wurde …

5 Das war schon ein komischer Anblick, wie sie da durch die Siedlung zogen, Kurt in seinem Rollstuhl, Maria und Hannes schoben, und alle drei wurden ständig von den anderen Krokodilern auf ihren Fahrrädern umkreist. Kurt bremste selbst seinen Rollstuhl ab, wenn es nötig war, und half mit, an seinen Rädern zu schieben, wenn es schwer ging. Nur mit den Bord-

10 steinkanten hatten sie Mühe. Auf den Bürgersteig hinauf zuerst die kleinen Räder, indem man den Stuhl etwas nach hinten kippte, vom Bürgersteig herunter zuerst die großen Räder, Kurt saß dabei mit dem Rücken zur Straße, dann wurden die kleinen Räder einfach nachgezogen. Wenn man den Kniff herausgefunden hatte, war es gar nicht mehr so schwierig. Sie

15 probten das zunächst an einer ruhigen Stelle, bevor sie sich zur stark befahrenen Bundesstraße wagten, und als ihnen Kurt dann bestätigte, sie würden das schon so geschickt machen wie seine Mutter und sein Vater, überquerten sie die Bundesstraße.

Im Wald aber, auf dem holprigen Weg, wurde es doch so schwer, dass noch

20 zwei Krokodiler mithelfen mussten. Auch Olaf musste mitschieben. Er tat es ungern, ließ sich aber nichts anmerken …

Schließlich überlegten die Krokodiler, ob sie Kurt auch zum Ziegeleigelände mitnehmen sollten. Eigentlich war ihnen das nie zuvor in den Sinn gekommen, aber am Ende wagten sie es trotz aller Vorbehalte. Sie zogen los, und während

25 *die Krokodiler an ihren Hütten bauten, ging Kurt auf Entdeckungstour.*

Kurt war bis in die Mitte des Hofes gerollt und sah sich um. Am Haupt-
tor, das mit einer dicken Kette versperrt war, stand das verlassene
Bürogebäude. …
Kurt wollte in das Gebäude, aber es gelang ihm trotz aller Anstrengung
30 nicht, die Schwelle zu überfahren. Es war keine Tür mehr vorhanden, nur
ein dunkles, viereckiges Loch. Endlich, nach mehreren Anläufen, schaffte es Kurt schließlich doch, über die Schwelle zu fahren. Im Flur war es
duster, seine Augen waren noch so von der Sonne geblendet, dass er nur
Umrisse wahrnahm. Er dachte, dass es vielleicht gut sein würde, einmal
35 weiter in das Gebäude hineinzufahren.
Was er jedoch nicht sehen konnte, war, dass der Flur zur Treppe hin abfiel,
und ehe er es bemerkte, setzte sich sein Rollstuhl schon von allein in Bewegung, und er war so entsetzt darüber, dass er vergaß, die Bremsgriffe zu
ziehen. Er schoss an eine etwa drei Meter entfernte Wand, so heftig, dass
40 er beinahe aus seinem Stuhl herausgeschleudert worden wäre. Benommen
blieb er sitzen, und als er sich von seinem Schrecken erholt hatte, versuchte
er, seinen Rollstuhl zu wenden, um wieder ins Freie zu gelangen.
Aber das Gefälle war doch zu stark, sodass er ohne fremde Hilfe nicht aus
dem Haus herauskommen würde. Er blieb erschöpft sitzen und überlegte.
45 Dann schrie er: „Hilfe! Kommt hierher! Ich bin's! Kurt! Hilfe! Hierher!"
…

*Die Krokodiler bemerkten Kurts Abwesenheit erst sehr spät. Endlich hörte
Maria die Hilferufe und alle liefen zum Bürogebäude, wo sie Kurt fanden.*

„Mensch, Kurt, du machst vielleicht Zicken", rief Peter, „was willst du
50 denn hier drinnen?"

„Tut mir Leid, dass ich euch einen Schreck eingejagt habe, aber ich konnte
doch nicht wissen, dass der Flur hier abschüssig ist", sagte Kurt kleinlaut.

„Sachen machst du", rief Olaf, „das fängt schon ganz schön an mit dir.
Noch einmal, und du bleibst zu Hause."

55 „Ist ja schon gut", sagte Kurt, „reg dich wieder ab, schaut lieber mal runter
in den Keller, was hinter der Eisentür ist."

Die Krokodiler, die sich nun auch an die Dunkelheit gewöhnt hatten,
sahen in die Richtung, die ihnen Kurt gezeigt hatte.

„Tatsächlich", rief Frank, „da ist eine Eisentür."

60 „Kommt mit", sagte Olaf, „wir gucken mal nach, was da unten ist." …

„Aber ich kann euch jetzt schon sagen, was da unten ist", sagte Kurt
geheimnisvoll …

„Bist du Hellseher?", fragte Hannes.

„Bin ich zwar nicht, aber ich glaube, ich vermute richtig", erwiderte Kurt.

65 Die Krokodiler stiegen langsam die Treppe hinunter. Olaf voran, dann
Frank, dann Peter, Theo, dann Otto, Rudolf und Willi, Hannes blieb bei
Maria und Kurt im Flur.

Die Eisentür ließ sich nicht einfach öffnen, sie klemmte. Drei Jungen
stemmten sich mit den Beinen an die Mauer, und nach und nach, zentime-
70 terweise, öffnete sich quietschend und knirschend die Tür. Endlich war der
Spalt so breit, dass sie durch die Öffnung hindurchgehen konnten.

Vor Überraschung blieben sie an der Tür stehen. Sie waren so aufgeregt,
dass einer den andern am Arm fasste, als müssten sie sich gegenseitig Mut
zusprechen. Olaf brach das Schweigen: „Das ist ja wohl ein Ding … ein
75 Ding ist das."

„Das ist kein Ding", flüsterte Frank, „das ist ein komplettes Warenlager."
…

Hunderte von Weinflaschen waren da gestapelt, Kartons
mit Bier, Schnapsflaschen, Kofferradios, Fernsehapparate,
80 unzählige Zigarettenpackungen, Konservendosen, Früchte
in Gläsern, und auch zwei funkelnagelneue Fahrräder
lehnten an der Wand.

„Menschenskinder", sagte Olaf leise, „das ist ja wohl ein
dicker Hund."

Max von der Grün

Interview mit dem Regisseur von „Vorstadtkrokodile"

Christian Ditter wurde am 9.3.1977 in Gießen geboren.
Mittlerweile lebt und arbeitet er als Regisseur in München.
2009 ist seine Verfilmung „Vorstadtkrokodile" in die Kinos gekommen.

Wie ist die Entscheidung zur Verfilmung dieses Buches gefallen?

Als Schüler waren „Die Vorstadtkrokodile" mein Lieblingsbuch. Es ist
sehr spannend und handelt von der coolsten Bande, die es gibt! Auch geht
es um wichtige Themen wie Integration 📖, Mut und Freundschaft.
Mit dem Film wollen wir den Kindern die Geschichte neu erzählen.

Wurden Veränderungen gegenüber dem Buch vorgenommen?

Ja, der Roman ist immerhin 30 Jahre alt und seitdem hat sich viel getan!
Es gibt im Film viel mehr Action, lockere Sprüche und Maria ist in Hannes
verliebt. Außerdem ist ein Grieche in der Gruppe, während im Buch keine
ausländischen Kinder vorkommen.

Wie sind die Schritte vom Buch über das Drehbuch zum Film?

Wir überlegen, was aus dem Buch in den Film muss, was wir weglassen
und was wir anders erzählen wollen. Daraus entsteht das Drehbuch, in dem
alle Dialoge und die Action genauestens beschrieben sind. Schauspieler,
Kameramänner, Kostüm- und Maskenbildner, Tonmeister, Filmarchitekten
und über 100 andere Leute arbeiten dann
gemeinsam mit mir daran, aus dem Drehbuch
einen Film zu machen.

Arbeiten Sie auch mit Laien 📖?

Ich finde es sehr spannend, auch mit jungen
Leuten zu arbeiten, die noch nicht vor der
Kamera standen.
Entscheidend ist das Talent und dass sie im
Casting überzeugen. Bei den Krokodilen waren
einige Darsteller dabei, für die es der erste Film
war – und spätestens am zweiten Drehtag waren
sie dann ja schon keine Laien mehr!

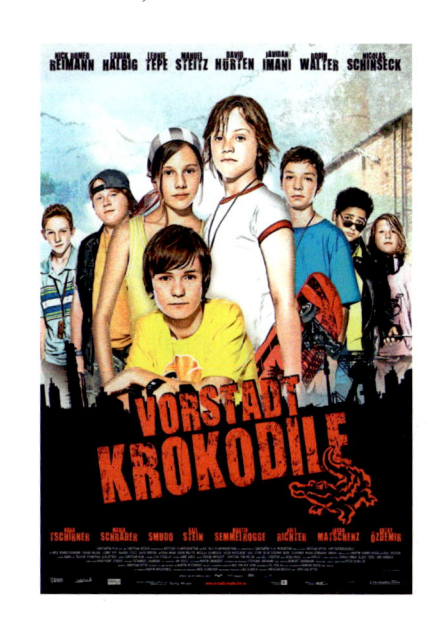

Wortarten

Die Kinder stehen nach den langen Sommerferien
aufgeregt auf dem Schulhof und diskutieren.
Im Klassenraum berichten sie über ihre Ferien.
Die Klassenlehrerin plant für das neue Schuljahr
eine Klassenfahrt.
Die Kinder freuen sich auf interessante Erlebnisse,
gruselige Nachtwanderungen und lustige Streiche.

❶ Schreibe den Text ab.

❷ Unterstreiche alle Nomen.

❸ Schreibe alle zusammengesetzten Nomen aus dem Text heraus.
Schreibe so: *die Sommerferien: der Sommer – die Ferien, …*

❹ Nach welchem Nomen richtet sich der Artikel
bei zusammengesetzten Nomen?
Unterstreiche diesen Wortteil und den Artikel.

❺ Lege eine Tabelle an. Trage die Verben und Adjektive
aus dem Text ein.

Verben	Adjektive

Wortfamilien

berichten Plan gruseln Länge Gruselgeschichte gruselig

lang Reisebericht langweilig planen Fahrplan richtig

❻ Schreibe die Wörter ab. Unterstreiche jeweils den Wortstamm.

❼ Ordne die Wörter nach ihrer Wortfamilie.

❽ Ergänze zu jeder Wortfamilie noch einen weiteren Begriff.

Sätze

Viele Vögel	macht	im Urlaub	in den Süden.
Die Klasse	badet	in der Nacht	im Meer.
Die Sterne	leuchten	im Herbst	eine Klassenfahrt.
Die Familie	fliegen	in diesem Schuljahr	am Himmel.

❶ Bilde aus den Satzgliedern sinnvolle Sätze.

❷ Unterstreiche das Verb im Präsens.

❸ Bilde aus den Sätzen Fragesätze ohne Fragewörter.
Welches Satzglied steht bei diesen Fragesätzen
immer am Anfang?

❹ Stelle Fragen mit Fragewörtern zu den Sätzen.
Beginne mit folgenden Fragewörtern:

Wohin …   Wo …   Wann …   Wer …

❺ Schreibe die Fragesätze auf und lass sie
von einem Partner beantworten.

| Die Lehrerin sagt: | „Heute sprechen wir über die Klassenfahrt." |

❻ Schreibe den Satz ab.
Markiere die Zeichen der wörtlichen Rede.

Fabian fragt	Freust du dich schon?
Klara antwortet	Hoffentlich bekomme ich kein Heimweh.
Piri ruft	Ich will auch mit!

❼ Schreibe die Unterhaltung auf. Setze dabei alle Zeichen
der wörtlichen Rede und markiere sie im Anschluss.

Komma bei Aufzählungen

Die Kinder der Klasse 4 b sitzen zusammen diskutieren und vereinbaren einen Klassenvertrag. Sie wollen künftig öfter miteinander reden Mitschülern bei Problemen helfen und sich auch nach der Schule regelmäßig treffen. Während des Unterrichts wollen sie andere nicht ärgern nicht stören nicht dazwischenrufen und sorgfältig mit den Arbeitsmaterialien umgehen.

❶ Schreibe den Text ab und setze die Kommas.

Sätze mit den Konjunktionen „weil", „denn" oder „aber" verbinden

In der Klasse gelten Regeln. – Sie werden nicht immer eingehalten.
Die Kinder sitzen im Kreis zusammen. – Sie wollen die Probleme klären.
Die Klasse erstellt ein Regelplakat. – Sie wollen die Regeln festhalten.
In der nächsten Pause gibt es Streit. – Das Problem wird friedlich geklärt.
Die Kinder sind froh. – Es gibt jetzt weniger Konflikte.

❷ Verbinde die beiden Sätze durch weil , denn oder aber .

❸ Schreibe die Sätze auf.
Markiere jeweils das Komma und die Konjunktion.

Sätze mit „Wenn …, dann …" verbinden

Wir führen ein Streitgespräch.
Wir beachten die Gesprächsregeln.

Ich sage dir meine Meinung.
Ich bleibe sachlich und höflich.

Wir hören dem anderen richtig zu.
Wir können seine Meinung besser verstehen.

❹ Verbinde die untereinander stehenden Sätze durch „Wenn …, dann …".
Schreibe so: *Wenn wir ein Streitgespräch führen, dann …*

Subjekte und Prädikate

Die Kinder wollen heute die Ereignisse
der letzten Woche besprechen.
Sie leeren zunächst den Kummerkasten aus.
Lotta liest alle Briefe vor.
Tim hat etwas über den Streit wegen
der kaputten Brotdose geschrieben.
Er will Lea eine neue Brotdose mitbringen.
Lea nimmt seine Entschuldigung an.
Sie will in Zukunft besser auf ihre Brotdose aufpassen.
Alle Kinder sind mit der Lösung zufrieden.

❶ Schreibe den Text ab.

❷ Erfrage jeweils Subjekt und Prädikat
und unterstreiche sie
mit verschiedenen Farben.

Wörtliche Rede

Die Kinder sprechen nun über einen Streit auf dem Schulhof.
Lotta berichtet ▨ ▨Wir Mädchen wollen auch mit Fußball spielen, aber
Jan erlaubt es nicht.▨ Jan entgegnet▨ ▨Wenn ihr mitspielt, gibt es
immer Streit.▨ ▨Warum gibt es denn Streit?▨ ▨erkundigt sich die
Lehrerin. ▨Die Mädchen wollen nie ins Tor▨ ▨klagt Jan. ▨Ihr schießt
ja auch immer so fest▨ ▨beschwert sich Lotta. Daraufhin meint Jan▨
▨Wir wollen halt richtig Fußball spielen.▨ Da schlägt die Lehrerin vor▨
▨Könnt ihr nicht mit den Mädchen trainieren?▨ ▨Das ist eine tolle Idee.
Wir können euch ja auch ein paar Tricks zeigen▨ ▨bietet Tim an.

❸ Schreibe den Text ab.

❹ Unterstreiche die Begleitsätze und die wörtliche Rede unterschiedlich.
Ergänze die Zeichen der wörtlichen Rede.

❺ Schreibe alle Verben zum Wortfeld sagen in der Grundform
aus dem Text heraus.

Nomen mit der Endung -ung

| überraschen | spannen | einteilen | verabschieden | hoffen |

| planen | begrüßen | aufregen | wandern | ordnen | unterhalten |

❶ Bilde Nomen mit der Endung -ung .
Schreibe so: *überraschen – die Überraschung, …*

Nach der ▒▒▒▒ *(verabschieden)* von den Eltern beginnt die Klassenfahrt.
Allen merkt man die ▒▒▒▒ *(spannen)* und ▒▒▒▒ *(aufregen)* an. Nach der
▒▒▒▒ *(begrüßen)* in der Herberge erfolgt die ▒▒▒▒ *(einteilen)* der Zimmer.
Dann machen sie eine ▒▒▒▒ *(wandern)* durch die ▒▒▒▒ *(umgeben)*.
Die Lehrerin plant noch eine ▒▒▒▒ *(überraschen)*.

❷ Bilde passende Nomen zu den Verben in den Klammern.
Schreibe den Text nun auf.

Nomen mit der Endsilbe -heit, -keit und -nis

| dunkel | sauber | erleben | frech | wagen | flüssig |

| ängstlich | geheim | faul | möglich | stur | erlauben |

❸ Bilde Nomen mit den Endsilben -heit , -keit oder -nis .

❹ Bilde zu jedem Nomen einen Satz.

Die Klassenfahrt
Endlich beginnt die mit großer Spannung erwartete Klassenfahrt.
Nach der Verabschiedung von den Eltern steigen alle Kinder in den Bus.
In der Jugendherberge erfolgt zuerst die Begrüßung durch die Leiterin
der Herberge. Sie erklärt die Regeln zur Sauberkeit und Ordnung im Haus.
Am Abend wartet eine Überraschung auf die Klasse. Sie unternehmen
in der Dunkelheit eine Wanderung durch den Wald. In der Finsternis liest
die Lehrerin eine Gruselgeschichte vor. Das ist ein tolles Erlebnis.

❺ Übe den Text als Diktat.

Verabschiedung Sauberkeit Überraschung Dunkelheit Erlebnis

Warum ist streiten nicht gleich streiten? S. 18/19

❶ Suche die Textstellen im Text.
Ordne die Aussage den Personen zu.
Schreibe die Aussagen mit Begleitsätzen auf.

Axel   Frau Baier   Jan   Tom   Lisa

„Im Streiten bin ich gut", ruft ▨▨▨▨ sofort.

„Meinst du?", fragt ▨▨▨▨.

„Aber Vampire gibt's ja gar nicht", sagt ▨▨▨▨.

„Na und?", fragt ▨▨▨▨.

„Und das soll ein Streit sein?", fragt ▨▨▨▨ verwundert.

Die Entdeckung S. 22–24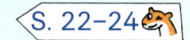

❷ Fasse den Inhalt der Zeilen 1 bis 21 schriftlich zusammen.

❸ Beantworte die Fragen schriftlich in Sätzen.

❹ Belege deine Antworten, indem du
die Zeilennummern angibst.

– An welchen Orten war es für die Krokodiler schwierig,
Kurts Rollstuhl zu schieben?

– Warum gelang es Kurt zunächst nicht,
ins Bürogebäude zu gelangen?

– Warum brauchte Kurt später
im Bürogebäude Hilfe?

– Wer hörte Kurts Hilferufe zuerst?

– Was entdeckten die Krokodiler im Keller
des Gebäudes?

Medien

Am Zeitschriftenstand

Medien dienen der Unterhaltung oder der Verbreitung von Informationen. Gedruckte Medien wie Tageszeitungen berichten in Worten und Bildern über viele Ereignisse. Sie informieren unter anderem über Politikereignisse oder Sportveranstaltungen. Die meisten Zeitschriften beschränken sich auf ein Themengebiet.

❶ Schreibe alle zusammengesetzten Nomen aus dem Text heraus.

❷ Auf welchen Teil des zusammengesetzten Nomens bezieht sich der Artikel? Unterstreiche diesen Teil.

> **Zusammengesetzte Nomen** bestehen aus einem Grundwort und einem Bestimmungswort. Das letzte Wort ist das **Grundwort**. Nach diesem richtet sich der Artikel: **die** Sport**zeitschrift**.
> Das **Bestimmungswort** beschreibt das Grundwort näher:
> Was für eine Zeitschrift? Eine **Sport**zeitschrift.

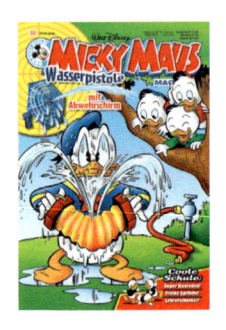    

❸ Was für Zeitschriften sind hier abgebildet?
Schreibe so: *die Computerzeitschrift: der Computer, die Zeitschrift, …*

❹ Unterstreiche jeweils das Grundwort und den Artikel.

❺ Welche Arten von Zeitschriften kennst du noch?
Schreibe sie wie oben auf.

⑥ Ihr könnt Zeitungen mitbringen und miteinander vergleichen.

AH S. 15

Zeitungen

Viele Zeitungen erscheinen jeden Tag. Um nicht täglich zum Zeitungsstand gehen zu müssen, lassen sich einige Menschen die Zeitung nach Hause liefern. Damit der Preis der Zeitung niedrig bleibt, ist sie auf viele Anzeigen angewiesen. Wieviel Geld eine Anzeige kostet, hängt davon ab, wie viele Zeitungen verkauft werden. Der Erfolg einer Zeitung wird daran gemessen, dass täglich möglichst viele Exemplare verkauft werden.
So entsteht ein Wettbewerb zwischen den verschiedenen Zeitungsverlagen.

1 Wie halten die Verlage die Preise für die Zeitungen niedrig? Erkläre mit eigenen Worten.

2 Schreibe alle Wörter mit g und d am Wortende aus dem Text untereinander auf.

3 Verlängere jedes Wort und schreibe es dahinter. Was fällt dir auf?

Die Zeitung ist in verschiedene Bereiche unterteilt, damit sich der Leser besser zurechtfindet. Solche Rubriken sind zum Beispiel Sport, Lokales 📖, Wirtschaft, Politik oder Kultur. Rubriken haben meist einen festen Platz auf bestimmten Seiten einer Zeitung.

Kleine Kinder – große Fabrik
Grundschüler besichtigen Maschinenwerk

Die Wahl ist entschieden!
Wie geht es weiter?

Wechsel in der Bundesliga

Dauerbrenner DRACHENREITER
Theater feiert großen Erfolg

4 Zu welchen Rubriken gehören die abgebildeten Schlagzeilen?

5 Schneide zu den genannten Rubriken passende Schlagzeilen aus Tageszeitungen aus. Klebe sie geordnet auf.

Ein Tag bei der Zeitung

Neben den **Redakteuren**, die die Berichte schreiben, beschäftigt eine Zeitung noch viele andere Menschen. Für die Anordnung der einzelnen Berichte in der zusammengestellten Zeitung sind die **Setzer** zuständig. Die **Anzeigenberater** verkaufen die Plätze für die Werbung und die Kleinanzeigen. Der **Zusteller** liefert schon sehr früh am Morgen die Zeitungen aus.

❶ Schreibe die Bezeichnungen der Berufe auf und erkläre sie mit eigenen Worten. Schreibe so: *Die Redakteure …*

② Du kannst dich nach weiteren Berufen bei der Zeitung erkundigen.

So entsteht eine Zeitung:

Morgens tagt die Redaktionskonferenz. Die Redakteure diskutieren über die Ausgabe für den nächsten Tag.

Später entwerfen sie Artikel. Der Chefredakteur entscheidet nun endgültig, welche Texte und Fotos die nächste Ausgabe enthalten wird.

Wenn die Gestaltung der Seiten, das Layout, fertig ist, geht die Zeitung am Abend in Druck.

Noch in der Nacht entsendet der Verlag Zusteller, die die fertige Zeitung den Abonnenten bringen.

❸ Schreibe alle Verben mit der Vorsilbe ent- aus dem Text untereinander auf.

❹ Bilde zu diesen Verben jeweils ein Nomen und schreibe es auf.

 S. 44

AH S. 17/18

Reporter unterwegs

Zwei Kinder schreiben über ein Fußballturnier:

Gestern hat unsere Fußballmannschaft gegen die Paul-Klee-Grundschule gespielt. Natürlich haben wir gegen diese Angeber gewonnen. Aber mit dem Supertorwart Andi konnte ja nichts schief gehen. Erst hatte ich schon Angst, denn im letzten Jahr waren die aus der Klee richtig gut.

Verdienter Sieg

Am 16. Oktober fand auf unserem Sportplatz ein Spiel unserer Fußball-AG gegen die Mannschaft der Paul-Klee-Grundschule statt. Seit Wochen trainierten die Jungen intensiv für dieses Spiel. Bereits in der ersten Halbzeit erzielte unsere Mannschaft zwei Tore. Die Torschützen waren Jannik und Ali. Die zweite Halbzeit begann mit einem Anschlusstreffer der ebenfalls starken gegnerischen Mannschaft. Doch fünf Minuten vor Schluss schoss Timo das 3:1. Dieser Sieg bereitet Vorfreude auf die nächsten Spiele unserer Mannschaft.

❶ Worin unterschieden sich die Texte, was ist ähnlich? Sprecht darüber.

> Ein Bericht informiert über ein Ereignis.
> **So kannst du einen Bericht schreiben:**
>
> – Berichte, **wo**, **wann** und **was** geschah.
> – Gib an, **wer** beteiligt war und **wie** der Ablauf war.
> – Beschreibe das Ereignis **sachlich** und **unverfälscht**.
> – Wenn ein Bericht über ein zurückliegendes Ereignis informiert, verwende das **Präteritum**.

❷ Welcher Text ist ein Bericht? Begründe deine Antwort?

❸ Beantworte anhand des Berichts die gestellten W-Fragen schriftlich.

❹ Schreibe einen Bericht über ein Ereignis in deiner Schule.

🐫 S. 45–47

Elektronische Medien

Es gibt auch Medien, die kein Papier benötigen. Für diese Medien braucht man allerdings eine Stromquelle, um sie empfangen zu können. Deshalb heißen sie elektronische Medien.

Das Radio

Seit 1920 gibt es Radioprogramme, die durch Funkwellen Ton und Musik übertragen. Es gibt eine große Auswahl an Programmen. Das im Studio erstellte Programm wird über eine Funkantenne verbreitet. Mit einem Radioempfänger kann es dann empfangen werden. Es gibt eine große Auswahl an Sendern. Viele Sendungen laufen meist zu festen Uhrzeiten.

Das Fernsehen

In Deutschland wird seit über 50 Jahren Bild und Ton über das Fernsehen gesendet. Die Programme kommen über Antenne oder Kabel zu uns nach Hause und erscheinen auf dem Bildschirm des Fernsehapparates. Wie beim Radio gibt es inzwischen viele Sender, die uns eine große Auswahl an unterschiedlichen Programmen wie z.B. Filme, Musik oder Sport bieten.

❶ Wie kannst du herausfinden, wann etwas für Kinder im Radio und im Fernsehen gesendet wird? Schreibe Beispiele auf.

❷ Wieviel Zeit verbringst du täglich mit Radio und Fernsehen?

❸ Diskutiert das Pro und das Kontra dieser Medien.

 S. 48

AH S. 20

Das Internet

Heute kann man viele Informationen im Internet finden. Das Wort „inter"
kommt aus dem Lateinischen und bedeutet „zwischen" oder auch
„verbunden". Das englische Wort „net" heißt „Netz". Seit den sechziger
Jahren des letzten Jahrhunderts gibt es dieses Datennetz zwischen
Computern. Aber erst durch verbesserte Verbindungsmöglichkeiten mit
Satelliten, Glasfaserkabel oder Funk wurde es möglich, die Computer
sehr vieler Menschen weltweit zu verbinden.
Jeder, der Informationen ins Internet stellt, hat eine bestimmte
Internetadresse. Gibt man diese beim Computer ein, gelangt man
auf eine **Homepage**. Das ist die erste Seite einer Seitensammlung.
Auf ihr befinden sich häufig markierte Wörter und Bilder.
Diese **Links** kann man anklicken, um auf neue Seiten zu kommen.

❶ Erkläre die dick gedruckten Wörter mit eigenen Worten.

❷ Sprecht über die Vor- und Nachteile des Internets.

❸ Stelle Pro und Kontra des Internets in einer Tabelle gegenüber.

Mit Hilfe des Internets können auch E-Mails
versendet werden. Das sind elektronische Briefe.
Dafür braucht der Empfänger eine E-Mail-Adresse.
Diese sind häufig nach dem Schema
Name@Anbieter.Land aufgebaut.
In elektronischen Briefen verwendet man auch
gerne Zeichen wie z. B. „:-)", die die Stimmung
des Schreibers zeigen sollen.

❹ Was bedeutet das Zeichen „:-)" ?
Erkundige dich nach weiteren Zeichen.

❺ Vergleicht E-Mail-Adressen mit dem genannten Schema.

❻ Sprecht über die Unterschiede von E-Mails und Briefen.

 S. 49

Die Klassenzeitung

Die Kinder haben die Arbeitsschritte zur Herstellung einer Klassenzeitung an der Pinnwand gesammelt:

- Schreiben der Beiträge
- Überarbeiten der Beiträge
- Entscheiden, welche Artikel genommen werden
- Ordnen der fertigen Seiten

- Anordnen der Artikel auf den Seiten
- Festlegen der Themen, zu denen Beiträge geschrieben werden sollen
- Kopieren der fertigen Seiten
- Einfügen der Bilder

❶ Schreibt in Partnerarbeit die Arbeitsschritte auf Kärtchen und ordnet sie.

❷ Ergänzt die fehlenden Arbeitsschritte, wenn jedes Kind der Klasse die Zeitung erhalten soll.

❸ Klebt alle Arbeitsschritte geordnet auf.

Aufbau eines Zeitungsartikels

- Titel
- Unterzeile
- Vorspann
- Autorenzeile
- Spitzmarke
- Grundtext
- Einzelbild
- Bildunterschrift

❹ Schneide einen Zeitungsartikel aus.
Klebe ihn in dein Heft und beschrifte ihn entsprechend.

Redaktionskonferenz

Lotta hat den Artikel von Jan gelesen.
Sie hat einige Verbesserungsvorschläge
mit einem Zeichen am Rand eingetragen.

Unsere Klasse war lezte Woche im Theater.	R
Wir sahen das Stück „Drachenreiter". Wir	Wh
fuhren mit den Bus dorthin. Unsere Lehrerin	Gr
hat uns die Eintrittskarten gegeben. Dann	Zt
gingen wir zu unseren Plätzen. Frau Berger	
sagte „Seid jetzt leise!"Als es dann dunkel	Sz Wh
wurde, ging es endlich los. Die Schauspieler	A
war richtig toll, aber am besten ist der	Gr Zt
Drache. Der Schluss war spanend. Schließlich	R
fuhren wir wieder nach Hause.	

❶ Erkläre die Zeichen am Rand.
   Schreibe zu jedem Zeichen eine Erklärung.

❷ Überarbeite den Text und beachte dabei
   die Korrekturhinweise.

❸ Vergleicht eure Texte.

❹ Welche Zeichen zur Verbesserung von Texten
   gibt es in eurer Klasse?

⑤ Ihr könnt eigene Texte mit diesen Zeichen überarbeiten.

 S. 50–52

Eine Umfrage durchführen

Die Klasse möchte in der Klassenzeitung
die Ergebnisse einer Umfrage zum Thema
„Fernsehen" abdrucken.
Die zuständigen Redakteure Kyra und
Dennis überlegen sich Fragen,
die sie ihren Mitschülern stellen wollen.

❶ Welche Fragen würdet ihr euren Mitschülern
über ihre Fernsehgewohnheiten stellen? Sammelt sie.

❷ Schreibt die Fragen geordnet auf.

	ja	nein
Hast du einen Fernseher?	☐	☐
Siehst du täglich fern?	☐	☐
Wie lange siehst du fern?	———————	
...		

❸ Führt eine Umfrage an eurer Schule durch.

❹ Wertet die Antworten gemeinsam aus.

❺ Was sind deine Lieblingssendungen?
Erkläre, was du an ihnen magst.

❻ Sammle aus Fernsehzeitschriften Texte
über deine Lieblingssendungen.

Quiz   Filme   Nachrichten   Comedy   Sport   Serien   Trickfilm

❼ Versucht eure Lieblingssendungen in eine der Rubriken einzuordnen.
Klebt die ausgeschnittenen Texte dazu.

 S. 53 >

Eine Fernsehkritik schreiben

Maro hat für die Klassenzeitung eine Kritik zu seiner Lieblingssendung geschrieben.

> „Willi will's wissen" ist eine Sendung für neugierige Kinder. In jeder Folge geht es um Kinderfragen zu einem bestimmten Thema, z. B. Häuser bauen. Willi, der Moderator, erklärt die Fragen meistens mit Hilfe von Experten. Gut ist, dass man verständliche Antworten bekommt und die Sendung häufig auch lustig ist. Mir gefällt auch, dass der Moderator Willi immer sehr neugierig ist und oft selbst das Versuchskaninchen spielt.
> Ich würde mir gerne mal eine Sendung über Delfine wünschen.
> Da jedes Mal ein neues Thema kommt, wird die Sendung nie langweilig.
>
> Maro

❶ Erkläre den Begriff „Kritik".

❷ Kennt ihr die Sendung? Seid ihr der gleichen Meinung wie Maro? Sprecht darüber.

Schreibtipps für eine Kritik

Eine Kritik ist eine Beurteilung eines Buches, einer Sendung oder eines Theaterstücks.
1. Benenne in einem Einleitungssatz, worüber du eine Kritik schreibst.
2. Gib eine kurze Inhaltsangabe.
3. Beschreibe, was du gut und schlecht daran findest. Begründe deine Meinung.
4. Formuliere einen abschließenden Satz.

---

❸ Schreibe eine Kritik über deine Lieblingssendung.

❹ Vergleicht eure Kritiken.

⑤ Du kannst auch eine Kritik über dein Lieblingsbuch schreiben.

Pressefreiheit  S. 59

Als Presse werden alle gedruckten Medien wie Zeitungen oder Zeitschriften bezeichnet. Der Begriff leitet sich von der Druckerpresse ab, die früher zur Herstellung von gedruckten Medien gebraucht wurde.

Heute werden auch Radio und Fernsehen als Presse bezeichnet. Die Pressefreiheit besagt, dass wir in Deutschland frei unsere Meinung sagen und schreiben dürfen.

Das erscheint uns heute selbstverständlich, doch das Gesetz, das die Pressefreiheit garantiert, gibt es in Deutschland erst seit 1949. Im Grundgesetz der Bundesrepublik Deutschland steht: „Eine Zensur findet nicht statt." Früher schrieben die Regierung oder die Kirche den Menschen oft vor, was gedruckt werden durfte und was nicht. Mit der Zensur versuchte man, unerwünschte Meinungen zu unterdrücken. Entsprechende Bücher oder Zeitungen wurden verboten. In Großbritannien und den USA ist die Presse schon seit über 200 Jahren frei.

Aber noch heute werden in vielen Ländern Zeitungen und andere Medien kontrolliert oder verboten. Dennoch sollten Journalisten 📖 nicht alles schreiben. Sie sind verpflichtet, wahrheitsgemäß zu berichten.

Trotzdem kann es passieren, dass etwas Falsches in den Medien verbreitet wird. Eine solche Falschmeldung in der Zeitung bezeichnet man auch als Zeitungsente. Dann ist die Presse verpflichtet, eine Berichtigung abzudrucken.

Kerstin Ende

- Warum ist eine freie Presse so wichtig?

- Entwirf eine eigene Zeitungsente.

Mees macht Geschichten  S. 59

Mees schreibt gern Geschichten für die Schülerzeitung. Seit sein Vater aber betrunken einen Jungen angefahren hat und nun im Gefängnis sitzt, denkt er nur noch an den Unfall.

Der Aufzug brachte ihn viel zu schnell in den vierten Stock. Und die Schwingtür, über der „Chirurgie" stand, war viel zu nahe am Aufzug. Die Tür zu Zimmer 402 stand offen. Auf einem Bett lag der Junge mit dem bleichen Gesicht und den großen, dunklen Augen.

5 Sein linkes Bein lag auf einer Art Gestell. Von seinem Fuß lief ein Draht hoch zu einer Stange am Ende des Bettes und wieder nach unten, wo ein Gewicht an dem Draht befestigt war. Der Junge las ein Buch …
„Ich komme von der Schülerzeitung. Wir haben uns überlegt, etwas über Kinder im Krankenhaus zu bringen, und ich sollte versuchen, jemand zu
10 interviewen. Also habe ich unten gefragt und Schwester Sylvia meinte, du würdest vielleicht mitmachen. Und ich soll dich von ihr grüßen."

„Ist gut", sagte Simon. „Ich langweile mich sowieso."

Mees nahm Platz. Er hatte nicht geglaubt, dass es so einfach gehen würde. Und zum Glück war das Ärgste jetzt überstanden, denn weiter brauchte er

15 Simon wirklich nicht mehr anzulügen. Er holte den Schreibblock und den Bleistift aus seinem Rucksack.

„Wie ist es, wenn man im Krankenhaus liegt?"

„Na wunderbar, fantastisch! Was für eine dumme Frage!"

Erschreckt sah Mees von seiner Liste mit Fragen hoch. Simon lachte und

20 verzog das Gesicht. „Mach dir nichts draus."

„Eh", sagte Mees, „weshalb genau liegst du im Krankenhaus?" Simon durfte nicht merken, dass er alles wusste, also musste er danach fragen.

„Bein gebrochen, Rippenprellungen und gebrochene Nase. Meine Nase und die Rippen sind schon fast wieder heil. Das Bein ist am schlimmsten.

25 Es war ein offener Bruch. Das bedeutet, dass der Knochen nach draußen gekommen ist, und es will einfach nicht heilen. Infektionen 📖 und so." …

Mees holte tief Luft. „Wie ist es passiert?", fragte er leise. Er hielt die Augen auf seinen Bleistift gesenkt. Die Spitze über dem Schreibblock zitterte ein bisschen.

30 „Also, ich habe mit dem Fahrrad die Straße überquert, es war abends … Und dann war da plötzlich dieses Auto. Ich hatte es wirklich nicht gesehen, es kam auf einmal um die Kurve und da war es … Bums …"

„Ach", sagte Mees. Sein Bleistift schrieb *Bums*.

„Man darf die Straße an der Stelle eigentlich nicht überqueren, aber alle

35 tun es … Es war also auch ein bisschen meine Schuld." Simon lachte.

„Ja?", sagte Mees. *Meine Schuld*, kritzelte der Bleistift.

„Der Mann in dem Auto ist zu schnell gefahren. Und das war noch nicht das Schlimmste, hat die Polizei gesagt, er hatte auch zu viel getrunken. Sonst hätte er noch gut bremsen können. Dann wäre ich gerade noch vor

40 ihm rübergekommen." …

Mees wurde rot. Er stotterte. „Man hört so was doch öfter. Unfälle durch Alkohol … Bestimmt bist du enorm wütend auf den Mann …"

„Zuerst schon", sagte Simon. „Unheimlich wütend bin ich gewesen. Aber jetzt nicht mehr ganz so sehr. Eigentlich ist er für mich nur ein dummer

45 Trottel … Es ist ja doch nicht mehr zu ändern."

Mees fing an zu schreiben. Er musste doch etwas tun, er wusste überhaupt nicht mehr, was er noch sagen sollte. *Schnapsflasche*, schrieb er. Dreimal.

Er unterstrich es und schrieb: *Dummer Trottel! …*

„Zeig mal, was du alles aufgeschrieben hast."

50 „Nicht", sagte Mees, ohne sich zu rühren.

„Weshalb liegst du hier?", las Simon. *„Wie ist es dazu gekommen? Sind die Ärzte nett? Wirst du bald wieder gesund sein?* – Das sollen wohl die Fragen sein? Und jetzt die Antworten."

Mees schüttelte den Kopf.

55 *„Bein. Rippen. Nase. Bums. Meine Schuld. Schnapsflasche. Schnapsflasche. Schnapsflasche. Dummer Trottel!"* Simon lachte. „Du bist vielleicht ein Witzbold."

Mees musste mitlachen. Es war ein kleines Lachen. „Das mache ich immer so. Ich schreibe ein paar Worte auf und dann mache ich später einen Artikel

60 daraus."

„Weißt du jetzt genug?"

„Ich glaube schon."

Klaas van Assen

- Warum muss Mees nur so wenige Wörter notieren?

- Wieso meint Simon, dass er eine Mitschuld hat?

Öde

Jim Davis

AH S. 22

Fernseh-Susi

Die Susanne ganz entzückt
immer auf den Bildschirm blickt.
Sie isst nicht mehr, sie spielt nicht mehr,
das Fernsehn ist nur ihr Begehr.
Die Mutter sagt: „ Wer auf der Bank
nur sitzt und fernsieht, der wird krank."

Doch Susi war schon so betört,
dass auf die Mutter sie nicht hört.
Da griff auf einmal, welch ein Graus,
ein Gangster aus dem Bildschirm raus,
zog sie hinein im Handumdrehn,
und um Susi war´s geschehn.

Marlene Reidel

Enttäuscht

Martina, die Maus,
zog sich an und ging aus.
Wohin?
Mal eben ins Nachbarhaus.
Wollte schwatzen.
Da saßen die Mäuse
steif und stumm
um den Fernsehkasten herum.
Sahen Micky-Maus.
Martina sprach nur
ein einziges Wort.
Dann ging sie leise,
ganz leise fort.
Weinte ein bisschen.
„Tschüsschen!"

Hanna Hanisch

● Ist dir schon einmal etwas Ähnliches passiert? Erzähle.

AH S. 23

Chatten

Der Begriff „Chatten" leitet sich vom englischen Wort „chat" für quatschen ab. Chats sind Treffpunkte im Internet, bei denen man sich mit anderen unterhalten kann. Es gibt moderierte Chats, die durch ihre Betreiber kontrollieren, dass niemand beschimpft, bedroht oder belästigt wird. Der Betreiber darf dann Leute, die sich nicht an die Regeln halten, aus dem Chat werfen und sperren. Bei unmoderierten Chats passt leider niemand auf, was manchmal unangenehm werden kann.

Wichtige Regeln fürs Chatten:

1. *Erfinde einen Spitznamen.*
   Gib niemals deinen richtigen Namen, deine Adresse, deine Telefonnummer oder dein Computerpasswort bekannt. Du kannst beim Chatten nie wissen, wer der andere wirklich ist. Es gibt auch Erwachsene, die sich in Chats für Kinder einschleichen und diese belästigen. Deshalb solltest du dich auch nicht mit anderen Chattern zum persönlichen Treffen verabreden.

2. *Fasse dich kurz.*
   Langweile die anderen nicht mit langem Text. Das Gesprächsthema kann sich außerdem schnell ändern, sodass du bei langen Texten nicht mehr mitkommst.

3. *Nimm nichts ernst.*
   Da du deine „Mitquatscher" nicht siehst und sie auch nicht kennst, kannst du nicht wirklich einschätzen, wie Komplimente oder Beleidigungen gemeint sind.

4. *Verschwinde, wenn es unangenehm wird.*
   Gib auf Dinge keine Antwort, die dir komisch vorkommen oder Angst machen. Melde dich ab und sprich mit deinen Eltern darüber.

AH S. 24

Karo, die Computerhexe 🐪 S. 59

Da Karos Eltern als Forscher in Afrika arbeiten, wohnt sie seit kurzem bei ihren Großeltern. In ihrer neuen Klasse findet sie erst einmal keine Freunde. Dafür lernt sie Tönnchen und Max kennen, die immerhin auf dieselbe Schule gehen.

Am Nachmittag besuchte Karo Tönnchen. Max war schon da und gerade dabei, ein neues Spiel auf Michaels Computer auszuprobieren. Michael war Tönnchens älterer Bruder und hatte immer die heißesten Computerspiele. Karo erzählte Tönnchen von ihren Problemen mit den Aufsätzen.

„Und dann schimpft die Lehrerin immer wegen der Wiederholungen. Meine Aufsätze sind ganz rot und viele Wörter sind doppelt und dreifach unterstrichen", berichtete sie.

Tönnchen nickte mitfühlend.

Plötzlich wandte sich Michael auf seinem Drehstuhl um und betrachtete Karo. „Du Arme", meinte er dann. „Ich versteh dich voll. Ich hatte die gleichen Probleme in Deutsch. Aber heute können mir Aufsätze nichts mehr anhaben – ich habe einen Thesaurus in meinem Computer."

„Was?" Karo verstand nur Bahnhof. „Warum hast du eine Sau auf deinem Computer?"

Sie stellte sich vor, wie ein rosiges Schweinchen seinen Rüssel aus dem Bildschirm streckte und Michael freundlich grunzend über die Nase fuhr. Michael schmunzelte verschmitzt. „Schau her, ich zeige es dir."

Er schaltete den zweiten PC auf dem Schreibtisch ein und klickte auf ein kleines blaues W.

„Ah, da ist es schon: WinWord, ein Textverarbeitungsprogramm",

erklärte er den beiden Mädchen. „Damit kann man Texte tippen wie auf einer Schreibmaschine, aber dazu noch viel, viel mehr. Welches Wort verwendest du denn zum Beispiel oft?", erkundigte er sich bei Karo.

„Na ja", Karo überlegt, „ich schreibe immer „sagen", wenn jemand was sagt. Was soll man auch anderes schreiben?" Sie zuckt mit den Schultern.

Michael tippte sagen auf seiner Tastatur und sofort erschien am Bildschirm das Wort. Er markierte es, klickte mit der Maus auf „Extras" und dann auf – Karo kniff die Augen zusammen, um besser sehen zu können – „Thesaurus".

Sofort erschien ein Kästchen mit einer langen Liste von Wörtern.

„Schau, all diese Wörter kannst du statt „sagen" schreiben. Sie bedeuten alle ungefähr dasselbe." Michael tippte auf den Bildschirm.

„Mündlich äußern, ausdrücken, aussprechen, bemerken, dazwischenrufen, erklären, erwähnen, informieren … . Na, was sagst du?" Stolz wandte er sich zu Karo um.

„Toll, das ist ja super!" Karo konnte es gar nicht fassen. …

Sie dachte sich den Thesaurus als kleines Männchen mit großer runder Brille, das vor einem riesigen dicken Buch saß, in dem alle, alle Wörter, die es nur gab, verzeichnet waren. Wenn nun ein Kind oder auch ein Erwachsener, der nicht gut schreiben konnte, sein Programm anklickte, krempelte das Männchen die Ärmel seiner Strickjacke zurück, leckte seinen rechten Zeigefinger ab und begann die Seiten des riesigen Buches umzuschlagen. Wenn es die richtige Wortfamilie gefunden hatte, nahm es eine kleine Tastatur und tippte die Wörter blitzschnell ein. Und die erschienen dann auf dem Bildschirm. …

Karo beschließt ihren Aufsatz übers Zähneputzen mit dem Thesaurus zu überarbeiten.

Nach einer guten halben Stunde war der neue Aufsatz fertig. Karo war stolz. Das war wirklich eine tolle Arbeit geworden und es klang großartig. „Lass mich noch mal lesen." Sie schob Michaels Kopf vom Bildschirm weg und las leise: „Wie putze ich mir meine Zähne? Zum Zähneputzen benötige ich Zahnpasta. Zum Zähneputzen braucht meine Wenigkeit eine Zahnbürste. Meine Wenigkeit drückt Zahnpasta auf die Zahnbürste. Zum Zähneputzen kann selber einen Becher Wasser nicht entraten. Ich nehme einen Schluck Feuchtigkeit. Ich putze mit der Zahnbürste die Zähne links oben. Dann kehre ich die Zähne backbord unten. Dann räume ich die Zähne rechts oben auf. Dann schrubbe ich die Zähne steuerbord unten. Zum Schluss futtere ich wieder einen Schluck kühles Nass. Dann sind meine Beißerchen sauber."

Toll, fand Karo. Einfach große Klasse.

Michael druckte ihr den Text aus und sie brauchte ihn daheim nur noch in ihr Heft abzuschreiben. Da würde Frau Kutscher aber Augen machen. „Karo", würde sie erstaunt fragen, „hast du diesen Aufsatz ganz alleine geschrieben?"

Karo würde nicken. Denn ein Computer galt ja nicht als Person, oder? Frau Kutscher würde ihr ein „Sehr gut" geben und niemand würde mehr kichern.

Eva-Maria Lamprecht

● Wie sah wohl Karos Aufsatz vor der Überarbeitung aus? Du kannst versuchen, diesen zu schreiben.

● Wird Karo ein „Sehr gut" für den neuen Aufsatz bekommen?

Kuh-TV

Ist es für Kühe eigentlich nicht langweilig, den ganzen Tag im Stall zu stehen, nur beschäftigt mit Fressen, Trinken und Schlafen? So dachte Friedrich Kuhlau, Bauer in dem sächsischen Dorf Kuhleben, als er eines Abends vor dem Fernseher saß. Am nächsten Tag kaufte er einen weiteren Fernsehapparat und stellte ihn in seinem Kuhstall so auf, dass drei seiner Kühe, die er als Testtiere ausgesucht hatte, die eingeschaltete Sendung verfolgen konnten.

Bald bemerkte Kuhlau: Den Kühen machte das Fernsehen offenbar Spaß und sie fühlten sich wohler als sonst. Bereits am folgenden Morgen gaben sie deshalb auch auffallend mehr Milch als bisher.

Heute ist der Kuhstall Kuhlaus mit Fernsehapparaten so ausreichend bestückt, dass alle seine Kühe gleichzeitig fernsehen können.

Bei der Auswahl der Sendungen müsse er allerdings, sagte uns Friedrich Kuhlau in einem Gespräch, sehr sorgfältig vorgehen: Nicht alles, was die Programme anböten, sei für Kühe geeignet. Krimis und überhaupt sehr actionreiche Filme führten zu Unruhe, Schlaflosigkeit und Verdauungsbeschwerden bei den Tieren, von Horrorfilmen könne gar ihre Milch sauer werden. Günstig auf ihr Befinden wirkten sich dagegen ruhige Filme mit schönen Landschaftsaufnahmen oder Tierfilme aus, vor allem solche, in denen Kühe vorkommen.

Besonders beliebt aber seien Volksmusiksendungen. Dabei könne er dann, schmunzelte Bauer Kuhlau, manchmal beobachten, wie sich seine Kühe gemeinsam behaglich im Takt der Musik hin und her wiegten.

- Welche andere Abwechslung würden sich die Kühe des Bauern Kuhlau wohl eher wünschen?

- Welche Sendungen machen dich traurig, wütend oder fröhlich?

AH S. 25

Groß- und Kleinschreibung

Tom schreibt auf dem Computer:

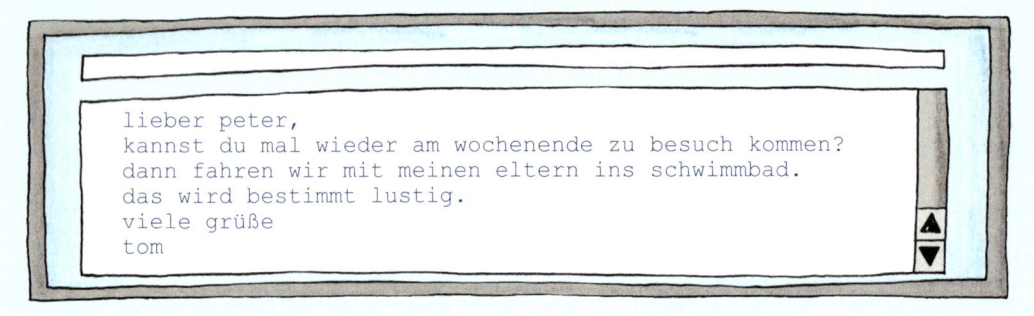

lieber peter,
kannst du mal wieder am wochenende zu besuch kommen?
dann fahren wir mit meinen eltern ins schwimmbad.
das wird bestimmt lustig.
viele grüße
tom

❶ Schreibe den Brief richtig auf.

Peter antwortet:

> LIEBER TOM,
> VIELEN DANK FÜR DIE EINLADUNG.
> ICH KOMME GERN ZU DIR.
> DEIN PETER

❷ Schreibe die Antwort richtig auf.

Komma bei Aufzählungen

Die Kinder wollen Fensterbilder zur Herbstdekoration basteln. Sie beginnen die Schablonen mit Pappe Bleistiften und Scheren zu entwerfen.
Danach besorgen sie sich Transparentpapier festes Papier und Kleber.
Zum Schluss zeichnen sie Formen auf schneiden die Rahmen aus bekleben sie mit Transparentpapier und hängen sie an den Fenstern auf.

❸ Schreibe den Text ab und setze die Kommas.

Komma vor Konjunktionen

Peter mag den Kunstunterricht.	aber	Sie mag Pferde.
Maro liest gern Comics.	denn	Er kann gut zeichnen.
Lisa ist gern im Stall.	weil	Er mag keine Gedichte.

❹ Verbinde jeweils zwei Sätze durch eine sinnvolle Konjunktion.

❺ Schreibe die Sätze auf und markiere die Kommas und Konjunktionen.

Präpositionen und Zeitformen

| auf | in | über | vor | unter |

Die Katze läuft ▨▨▨ den Hof.
▨▨▨ der Stalltür bleibt sie stehen.
Sie schleicht ▨▨▨ den Stall.
Die Katze legt sich ▨▨▨ die Lauer und wartet.
Aber die Maus versteckt sich ▨▨▨ dem Heuballen.

❶ Schreibe den Text mit den passenden Präpositionen auf.

❷ In welcher Zeitform steht der Text?

❸ Erzähle einem Partner den Text im Perfekt.

❹ Schreibe den Text im Präteritum auf.

Adjektive und Satzglieder

Die *graue/schwarze* Katze liegt auf der Bank.

Die *kalten/warmen* Sonnenstrahlen wärmen
ihr *weiches/hartes* Fell.

Die Bäuerin gießt ihr *altes/frisches* Wasser
in ein Schälchen.

Die Katze hört ein *raschelndes/plätscherndes*
Geräusch.

Da läuft die Katze mit *langsamen/schnellen*
Schritten zur Bäuerin.

Zufrieden/enttäuscht schleckt sie das Wasser auf.

❺ Schreibe den Text mit den passenden Adjektiven auf.

❻ Bestimme die Subjekte und markiere sie.

❼ Bestimme die Prädikate und markiere sie in einer anderen Farbe.

Zusammengesetzte Nomen

Wir besuchten am letzten **Schultag**
vor den **Herbstferien** das **Kindertheater**.
Dort wurde das Stück „**Drachenreiter**"
gespielt. Unsere **Klassenlehrerin** hatte
die **Eintrittskarten** im **Kartenvorverkauf**
besorgt, sodass wir gute **Sitzplätze**
hatten. Plötzlich ging die **Saalbeleuchtung**
aus und die **Hintergrundmusik** setzte ein.
Die **Theatervorstellung** konnte beginnen.

❶ Schreibe die dick gedruckten Nomen aus dem Text
mit dem bestimmten Artikel untereinander auf.

❷ Zerlege sie in Bestimmungs- und Grundwort.
Schreibe so: der Schultag: *die Schule, der Tag; …*

❸ Markiere den Artikel des zusammengesetzten Nomens und
des Grundwortes.

Unsere Lehrerin verbot uns,
im **Raum des Theaters** zu essen.
Aber sogar während der Vorstellung
aßen manche Kinder anderer Klassen
Stücke von Schokolade und knisterten
mit den **Tüten der Chips**. Als wir
das Theater verließen, lagen auf
dem Boden **Krümel von Keksen** und
andere **Reste von Essen**.

❹ Bilde aus den fett gedruckten Nomen zusammengesetzte Nomen.
Schreibe den Text mit diesen Nomen auf.

Flughafen —— Hafenstadt —— Stadtgarten —— Garten…

❺ Das Grundwort wird zum Bestimmungswort.
Setze die Wörterreihe fort. Wer findet die meisten Wörter?

Texte überarbeiten

Wir gehen anschließend in den Vorraum des Theaters. Wir wollen unsere Jacken an der Garderobe abholen. Wir werden in dem Gedränge geschubst und gestoßen. Wir müssen draußen auf den Bus warten. Wir finden alle das Stück toll. Wir ärgern uns aber über einige Zuschauer. Wir werden von unserer Lehrerin für unser gutes Benehmen im Theater gelobt. Wir freuen uns sehr darüber.

❶ Stelle die Satzglieder so um, dass die Satzanfänge nicht immer gleich sind.

❷ Schreibe den veränderten Text im Präteritum auf.

Bericht

Am letzten Freitag geschah gegen 23.00 Uhr ein Einbruch in einem Blumenladen an der Hauptstraße. Zeugen beobachteten zwei Männer, die mit einem Wagen vor dem Laden hielten. Die unbekannten Täter brachen die Hintertür auf, um in den Verkaufsraum zu gelangen. Da sie kein Geld fanden, nahmen sie fast alle Blumen mit.

❸ Beantworte anhand des Zeitungsberichts die W-Fragen schriftlich.

Wo?	Beim Schulfest, in der Aula
Wann?	Letzten Samstag
Wer?	Die 4. Klasse der Paul-Klee-Grundschule
Was?	Theateraufführung des Sketches „Fernsehabend"
Wie?	Mit Unterstützung der Klassenlehrerin Frau Berger

❹ Schreibe einen Bericht, in dem alle Fragen beantwortet werden.

Wörter mit g/d/b am Wortende

Aben░░░░░░░░nieman░░░░░░Lo░░░░░░Bil░░░░Wan░░
Erfol░░░░░░lie░░░░░Zu░░░░░Wettbewer░░░░Vertra░░

❶ Verlängere die Wörter.

❷ Setze g/d/b richtig ein. Kontrolliere mit der Wörterliste.

| geben | liegen | heben | ziehen |

❸ Schreibe die Verben in der er-Form untereinander auf.
Bilde dahinter die er-Form im Präteritum.

Vorsilbe ent-

| **ent-** | | nehmen | laden | wischen | täuschen | werfen | decken |

Die Arbeiter ░░░░░ den LKW.   Die Kinder ░░░░░ die Kostüme selbst.
Die Katze ░░░░░ ihren Besitzern.   Der Abenteurer ░░░░░ neues Land.
Seine Note ░░░░░ Tom.   Tina ░░░░░ einen Keks aus der Dose.

❹ Setze die Verben mit der Vorsilbe ent- richtig ein.

❺ Schreibe die Sätze im Präteritum auf.

Fernsehabend

Die Theater-AG wollte das Stück „Fernsehabend" aufführen. Die Kinder
der Klasse 4a konnten das Bühnenbild dafür entwerfen. Die Vorberei-
tungen dauerten viele Wochen. Endlich war es soweit. Am Abend der Aufführung waren alle Kinder ganz aufgeregt. Die Zuschauer entdeckten das
Bild eines Fernsehers an der Wand. Die Aufführung war ein großer Erfolg.
Niemand wurde enttäuscht. Die Zuschauer klatschten viel Beifall und es
gab sogar ein Lob von der Schulleiterin.

❻ Übe den Text als Diktat.

entdecken   Erfolg   niemand   enttäuschen   geben – gab   Lob

Pressefreiheit  S. 44

❶ Schreibe die Fragen ab und beantworte sie in Sätzen.

Was ist die „Presse"?
Was bedeutet das Wort „Pressefreiheit"?
Seit wann gibt es die Pressefreiheit in Deutschland?
Warum durfte früher nicht alles gedruckt werden?
Was ist die Pflicht der Journalisten?
Was ist eine Zeitungsente?

Mees macht Geschichten 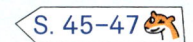 S. 45–47

❷ Lies die Geschichte noch einmal.
In welchen Zeilen findest du ähnliche Sätze?
Schreibe die Zeilenangaben heraus.

– Erschreckt sah der Junge von seiner Liste mit Fragen hoch.
– „Das heißt, dass der Knochen nach draußen gekommen ist,
und es will einfach nicht heilen."
– Mees unterstrich es und schrieb: *Dummer Trottel!*

❸ Schreibe die falschen Wörter hintereinander auf.
Welcher Satz entsteht?

Karo, die Computerhexe  S. 50–52

❹ Suche diese Satzanfänge im Text „Karo die Computerhexe".
Schreibe sie ab und ergänze den fehlenden Teil.

Karo erzählte Tönnchen …
Sie stellte sich vor, wie …
Michael tippte sagen …
Sie dachte sich den Thesaurus …
Frau Kutscher würde …
Michael druckte ihr …

Von der Schrift zum Buch

Erste Schriften

Keilschrift

Funde zeigen, dass es vor etwa 5000 Jahren Bilderschriften gab. Auf Tafeln wurden Bilder und Zeichen gefunden. Man nimmt an, dass diese Tafeln oft von Händlern beschrieben wurden, die darauf die Menge und die Art der Handelsware notierten. Durch weitere Funde erkannten die Forscher, dass die Bilderschrift später durch eine Symbolschrift verdrängt wurde. Die Bilder wurden zu keilförmigen Zeichen, die für Laute und Silben standen. In der Keilschrift gab es noch kein richtiges Alphabet.

❶ Schreibe die Sätze mit der Konjunktion dass aus dem Text heraus.

> Sätze, die durch die **Konjunktion** (Bindewort) **dass** verbunden werden, trennt man durch ein **Komma** voneinander:
> Die Forscher ahnten, **dass** sie einen wichtigen Fund gemacht hatten.
> Man schreibt nach dem Komma **das**, wenn man es durch **welches**, **jenes** oder **dieses** ersetzen kann:
> Erst später entwickelte sich das Alphabet, **das** (welches) wir heute benutzen.

Wir wissen heute, ░░░░ bereits die ersten Gesetze in Keilschrift geschrieben wurden.
Noch unbekannt war damals das Alphabet, ░░░░ wir heute kennen.
Die Keilschrift half, ░░░░ Informationen schneller notiert werden konnten.

❷ Setze dass oder das in die Sätze ein.

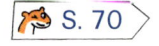 S. 70

AH S. 26

Hieroglyphen

Den Ägyptern reichte die umständliche Bilderschrift bald nicht mehr aus. Sie entwickelten deshalb eine Art Alphabet und ordneten jedem Laut ihrer Sprache ein Bild oder Zeichen zu. Mit diesen Hieroglyphen konnten die Ägypter sogar die Namen ihrer Pharaonen auf deren Sarkophage und die großen Bauwerke schreiben. Der Beruf des Schreibers genoss damals großes Ansehen, weil nur wenige Menschen lesen und schreiben konnten. Erst 1822 gelang es einem französischen Wissenschaftler, die Bedeutung der einzelnen Zeichen unseren heutigen Buchstaben zuzuordnen.

Hieroglyphen

❶ Schreibe die Wörter mit Ph/ph aus dem Text heraus.

❷ Schlage sie in einem Lexikon nach. Schreibe eine kurze Erklärung auf.

❸ Notiere in Stichpunkten, was du über Hieroglyphen erfährst.

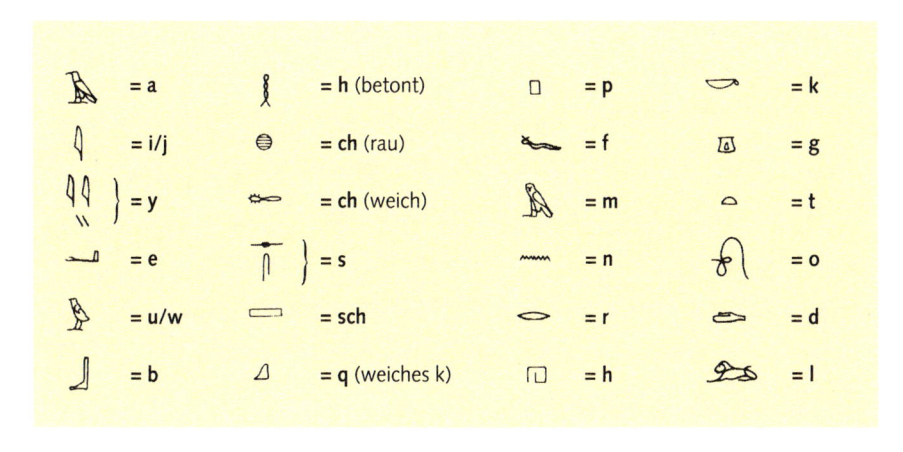

④ Du kannst eigene Wörter in Hieroglyphen schreiben.
Lass andere Kinder deine Wörter erraten.

S. 71

Von der Kreide zum Kugelschreiber

Die Menschen der Urzeit benutzten farbige Steine oder Kreiden, um ihre **Symbole** an die Felsen zu malen. In der **Antike** wurden meist spitze Holzgriffel oder Schreibrohre aus Schilf benutzt. Federkiele von Gänsen oder Raben verwendete man lange für das Schreiben mit Tinte. In der **Kalligraphie** werden auch heute noch solche Federn eingesetzt. Im 16. Jahrhundert entstanden die ersten Bleistifte. Eine recht neue Erfindung von Lázló Bíró ist der Kugelschreiber. Das englische Wort „biro" für Kugelschreiber leitet sich von seinem Namen ab.

❶ Schlage die Bedeutung der dick gedruckten Fremdwörter in einem Lexikon nach.

❷ Notiere Fragen, die deine Mitschüler nach dem Lesen des Textes beantworten können. Stelle sie deinen Mitschülern.

Einen Vortrag zu einem Thema nennt man Referat.
So kannst du ein Referat vorbereiten und halten:

- Sammle Material zu deinem Thema. Verwende Informationen aus Büchern, dem Internet oder von Experten.
- Schreibe die Informationen geordnet in Stichpunkten heraus.
- Formuliere mündlich Sätze aus den Stichpunkten.
- Lies die Stichpunkte so oft, dass du den Inhalt gut kennst.
- Halte das Referat. Sei sachlich und sprich laut und deutlich.
- Schaue dabei deine Zuhörer immer wieder an.
- Zeige Bilder zum besseren Verständnis.

---

❸ Halte nach der Vorlage ein Referat.

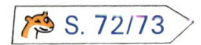 S. 72/73

AH S. 28

Von der Tontafel zum Papier

Der Museumspädagoge im Schriftenmuseum erzählt:

„Die Menschen schrieben zuerst auf Tontafeln. Sie ritzten Zeichen mit dem Rohrgriffel hinein. Das war eine sehr mühselige Arbeit. Später fand man in Pergamon, einer Stadt in der heutigen Türkei, heraus, dass man auf geschabten und geölten Tierhäuten schreiben kann. Das Wort Pergamentpapier geht auf diese Erfindung zurück.

Tontafel

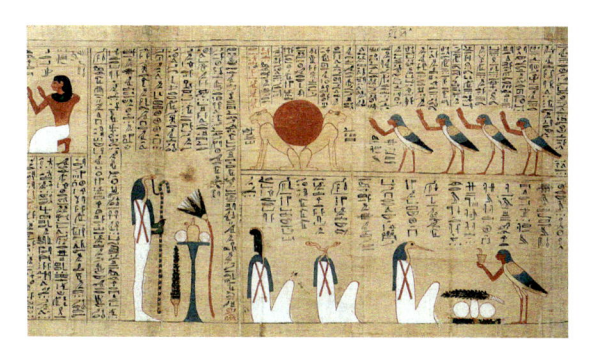

Papyrus

Die Ägypter entdeckten, dass man aus einer Grasstaude, dem Papyrus, ein Material herstellen konnte, das als Vorläufer unseres Papiers gilt. Man schrieb darauf mit Tinte und angeschnitzten Rohrhalmen.

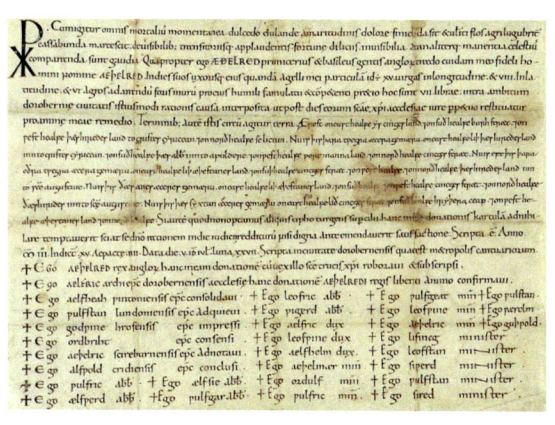

Pergament

Das Papier, wie wir es heute kennen, wurde jedoch von den Chinesen erfunden. Das erste beschriftete Papier aus China ist etwa 2000 Jahre alt. Seit dieser Zeit wurde die Herstellung von Papier immer mehr vereinfacht. Heute gibt es viele unterschiedliche Papiersorten.“

❶ Notiere in Stichpunkten die Entwicklung von der Tontafel zum Papier. Trage deinen Mitschülern deine Punkte in Sätzen vor.

🐎 S. 74

AH S. 29

Die Geschichte des Buchdrucks

Bis zum Mittelalter wurden alle Bücher mit der Hand geschrieben. Früher erlernten aber nur wenige Menschen **das Lesen und Schreiben**. Die Mönche übernahmen in den Klöstern **das Abschreiben der Bücher**. Oft verzierten sie **die Initialen**  besonders kunstvoll. Nur wenige Menschen konnten sich **diese kostbaren Bücher** leisten. Zu Beginn des 15. Jahrhunderts druckte man schon **einige Buchseiten**. Dafür schnitzten Holzschnitzer **die einzelnen Buchstaben**.

❶ Erfrage die markierten Satzteile.
Schreibe die Fragen mit den Antworten auf.

> Sätze können durch Objekte (Satzergänzungen) erweitert werden.
> Auf die Frage **Wen?** oder **Was?** antwortetet das **Akkusativobjekt** (Ergänzung im 4. Fall):
> Die Lehrerin führt die Kinder ins Buchmuseum.
> **Wen** oder **was** führt die Lehrerin ins Buchmuseum? **Die Kinder**.
> Sie bestaunen dort die kostbaren Bücher.
> **Wen** oder **was** bestaunen sie dort? **Die kostbaren Bücher**.

Alle verehrten   das fertige Buch.

Das Abschreiben schädigte   die Mönche und Gelehrten.

Nach vier Monaten zeigten die Mönche   die Augen.

❷ Bilde sinnvolle Sätze. Erfrage und markiere das Akkusativobjekt.

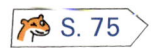 S. 75 >

AH S. 30

Johannes Gutenberg war 1450 Buchdrucker in Mainz. **Hier entwickelte er bewegliche Druckbuchstaben.** Statt sie aus Holz zu schnitzen, ließ er sie aus Metall gießen. **Gutenberg probierte unterschiedliche Metalle und Gussformen aus.** Nach vielen Jahren war es soweit. **Er konnte die beweglichen Lettern**  **immer wieder zu neuen Wörtern und Zeilen zusammensetzen.** Diese wurden mit Druckfarbe bestrichen und dann auf Papierbögen

gepresst. **Gutenberg konnte nun viele Bücher in rascher Folge drucken.** So wurde deren Herstellung einfacher. Die Bücher waren nun nicht mehr so teuer und verbreiteten sich dadurch schnell. In der Folge bekamen nun auch einfache Menschen Zugang zu Büchern. **Immer mehr Menschen konnten jetzt das Lesen und Schreiben erlernen.**

❶ Was erfährst du über die Erfindung des Buchdrucks?
Erzähle mit deinen Worten.

❷ Schreibe die dick gedruckten Sätze ab.
Erfrage in jedem Satz das Akkusativobjekt und markiere es.

Buntpapier   Esspapier   Papierbögen

Schreibpapier   Papierdruck   Altpapier

❸ Trenne diese Nomen in Bestimmungs- und Grundwort.
Bestimme die Wortarten.

❹ Ordne sie in eine Tabelle nach: Nomen/Nomen, Verb/Nomen und
Adjektiv/Nomen.

 S. 76/77

Bücher herstellen

Die Lehrerin erklärt **ihrer Klasse** die Herstellung von Büchern. Sie teilt **jedem Kind** einen Arbeitspartner zu. Lotta soll **Tim** bei seinem Buch helfen. Die Lehrerin gibt **ihnen** die Arbeitsanweisungen. Die Kinder hören **ihr** genau zu. Zum Schluss gibt sie **jedem Kind** das Material.

❶ Erfrage die dick gedruckten Satzergänzungen.

> Auf die Frage **Wem?** antwortet das **Dativobjekt** (Ergänzung im 3. Fall):
> Die Kinder hören der Lehrerin zu.
> **Wem** hören die Kinder zu? **Der Lehrerin**.
> Lotta gibt ihm eine Schere.
> **Wem** gibt Lotta eine Schere? **Ihm**.

❷ Schreibe zu jedem Satz die Wem? -Frage und die Antwort auf.

Lotta und Tim beginnen nun mit ihrer Arbeit:

Lotta holt ihnen das Papier. Tim holt seiner Partnerin eine Nadel. Nun hilft er Lotta beim Einfädeln. Danach näht Lotta ihm die Seiten des Buches zusammen. Die Nadel sticht Lotta in den Finger. Tim holt seiner Freundin ein Pflaster.

❸ Schreibe den Text ab. Erfrage und markiere die Dativobjekte.

④ Du kannst eigene Fragen mit Wem? an deinen Partner stellen.

 S. 78/79

AH S. 32

Die Arbeit des Buchbinders

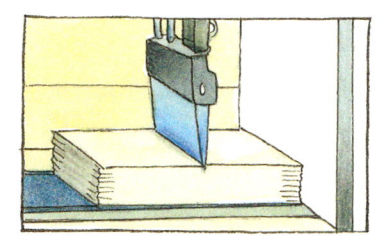  

Bis ein Buch im Regal steht, durchläuft es viele Produktionsschritte. Alle Seiten des Buches werden gestapelt und an den Kanten gerade abgeschnitten. Dann werden die Seiten in einer Art Schraubstock eingeklemmt. Viele Bücher werden nun an einer Seite zusammengenäht. An dieser Stelle wird der Buchblock mit dem festen Umschlag verleimt. Manchmal erhält das Buch davor noch ein Lesebändchen. Der Umschlag besteht aus den beiden Buchdeckeln und einem festen Papierstreifen für den Buchrücken. Schließlich werden die Innenseiten mit einem meist farbigen Papier beklebt.

❶ Welche der Arbeitsschritte kannst du an deinem Schulbuch erkennen?

❷ Schreibe Fragen zum Text auf.
Lass sie von einem Mitschüler beantworten.

Um Informationen zu Personen oder Themen zu erhalten, kann man ein Interview durchführen.
So kannst du ein Interview planen, führen und wiedergeben:

- Informiere dich über das Interviewthema.
- Formuliere deine Fragen und schreibe sie auf.
- Stelle deine Fragen einem Interviewpartner.
- Notiere die Antworten in Stichpunkten.
- Gib das Interview mündlich oder schriftlich wieder. Achte darauf, dass du fortlaufend und wahrheitsgemäß berichtest.

---

❸ Führe ein Interview zu einem Thema rund ums Buch durch.

④ Ihr könnt eure Arbeitsergebnisse der Klasse präsentieren.

Die Wette  S. 85

Ohne Georg Friedrich Grotefend könnten die Wissenschaftler heute keine einzige der über 500.000 Tontafeln in Keilschrift lesen.
So wüssten wir wenig über die Kultur der frühen Babylonier und Perser.

Alles begann mit einer Wette: Grotefend arbeitete im Juli 1802 als Hilfslehrer am Göttinger Gymnasium. Bei einem Spaziergang mit seinem Freund Rafaello Fiorillo diskutierten die beiden darüber, ob man eine Inschrift entziffern könne, von der man weder die Schrift noch die Sprache und schon gar nicht den Inhalt kennt. Grotefend behauptete, dass dies möglich sei. Fiorillo hielt dagegen und so schlossen die beiden eine Wette ab. Für die Wette wählte Fiorillo eine Tafel in Keilschrift aus, die bisher noch niemand lesen konnte.

Dem 27jährigen Grotefend gelang das bis dahin Unmögliche. Innerhalb von sechs Wochen entzifferte er zehn von 37 Zeichen der altpersischen Schrift. Als Griechischlehrer kannte er die Namen der persischen Könige aus griechischen Texten. Dies ermöglichte ihm, die Namen von Darius und Xerxes dem Ersten auf der Tafel zu entziffern.
Zehn weitere Wissenschaftler waren anschließend noch 45 Jahre lang damit beschäftigt, die restlichen 27 Zeichen der Keilschrift zu entschlüsseln.

Georg Friedrich Grotefend arbeitete weiter als Lehrer und starb am 15.12.1853 als Ehrenbürger der Stadt Hannover. Ein Gymnasium in Münden trägt seinen Namen.

Kerstin Ende

AH S. 34

Des Rätsels Lösung  S. 85

Die Schrift der Ägypter, die Hieroglyphen, wurde über 3000 Jahre von den Schreibern der Pharaonen benutzt.
Um das Jahr 0 geriet sie durch den Einfluss der Römer, die ihre Schrift verbreiteten, für lange Zeit in Vergessenheit.

Erst zu Beginn des 19. Jahrhunderts begann sich der 1790 geborene Jean Francois Champollion wieder mit den Ägyptern und ihrer Schrift zu beschäftigen.

Auf dem Stein von Rosette fand er eingravierte Texte in verschiedenen Schriften darunter Altgriechisch und Hieroglyphen.
Durch den Vergleich des Altgriechischen mit den Hieroglyphen erkannte er 1822, dass die altägyptischen Zeichen für Laute standen. Daraus konnte der Wissenschaftler eine Art Alphabet entwickeln.

Champollion entdeckte, dass viele Hieroglyphen für Konsonanten standen, Vokale aber häufig fehlten.
Viele Hieroglyphen bekamen ihre Form durch Namen für Dinge. So bedeutet zum Beispiel das Wort „ra" Mund. Deshalb hat das Zeichen für den Laut „r" die Form eines Mundes. Andere Wörter werden durch eine einfache Handlung dargestellt.
Das Wort „fallen" wird durch einen zu Boden stürzenden Mensch ausgedrückt.

Jean Francois Champollion gilt als der Begründer der Ägyptologie, der Lehre von den Ägyptern.
Er starb 1832 in Paris.

Kerstin Ende

Stein von Rosette

Die geheime Botschaft

Aufgeregt kommt Milena in die Küche. „Mutti, wo steht das Bügeleisen?",
ruft sie schon, bevor sie die Tür schließt. „Bügeleisen? Im weißen Schrank.
Aber seit wann bügelst du deine Jeans selbst?", fragt ihre Mutter erstaunt.
Milena legt lachend ein Blatt Papier auf den Tisch.
5 „Timur hat mir eine geheime Botschaft geschrieben und die muss ich
sofort lesen!", erklärt sie mit wichtiger Miene.
„Also von geheim kann ja wohl keine Rede sein", erwidert ihre Mutter.
Sie beugt sich über den Brief und liest laut:

> Hallo Milena!!!
> Wir treffen uns heute um 15 Uhr
> am Spielplatz.
> Dein Timur

„Ich kann alles lesen", meint sie anschließend und spült weiter das Geschirr ab. In der Zwischenzeit hat Milena bereits das Bügeleisen ange-
15 stellt und beginnt, vorsichtig den Brief zu bügeln. Dabei erklärt sie: „Du
kannst nur lesen, was meine neugierigen Klassenkameraden auch lesen
konnten. Die haben nämlich gemerkt, dass Timur und ich ihnen auf der
Klassenfahrt einen Streich spielen wollen. Und nun belauschen sie uns
überall, um mehr über unseren Plan herauszubekommen. Aber das wird
20 ihnen nicht gelingen."

Sie hält den Brief hoch und lächelt zufrieden.
„Habe ich es mir doch gedacht. Wenn im Text drei Ausrufezeichen stehen,
hat Timur im Brief eine Botschaft versteckt."
Nachdem sie ihrer Mutter das Versprechen abgenommen hat, niemandem
25 etwas zu verraten, darf diese den Brief auch lesen:

> Hallo Milena!!!
> Wir treffen uns heute um ~~15 Uhr~~ 14 Uhr ~~am Spielplatz~~ an der Kastanie.
> Dein Timur

Sonja Kargl

● Welchen Streich könnten die beiden wohl planen?

Rezept für Geheimtinten

Wenn du auch eine „unsichtbare" Botschaft
verschicken willst, benötigst du:
– Zitronensaft, Zwiebelsaft,
  Weinessig oder Apfelsaft,
– einen dünnen Pinsel,
– raues, weißes Papier.

Schreibe deinen Brief frühzeitig.
Es dauert ein wenig, bis die Flüssigkeit in das Papier
eingezogen ist und damit unsichtbar wird.
Die Geheimtinten werden beim Bügeln braun und so
lesbar. Verschicke nie ein leeres Blatt, sonst könnte
man eine Geheimtinte vermuten, sondern schreibe
einen ablenkenden Text. Verabrede ein Zeichen als
Hinweis für eine verborgene Botschaft.

● Schreibe auch einen Geheimbrief.

Papier schöpfen

Um Papier aus Altpapier herstellen zu können, nimmst du drei Seiten einer Zeitung. Reiße sie in kleine Stücke. Lege sie in eine Schüssel und gieße vier Tassen Wasser hinzu. Rühre das Ganze mit einem Mixer zu Brei.

Fülle nun eine flache Wanne etwa drei Zentimeter hoch mit Wasser und rühre den Papierbrei hinein. Lege neben der Wanne ein altes Handtuch bereit.

Jetzt brauchst du ein rechteckiges Stück Fliegengitter, das nicht größer als die Wanne sein darf. Das tauchst du in die Wanne und hebst es möglichst waagerecht heraus. Dadurch bleibt eine Schicht Papierbrei auf dem Gitter zurück. Diesen Vorgang nennt man „schöpfen".

Lass das Wasser gut abtropfen. Kippe nun das Gitter mit dem Brei nach unten auf das Handtuch. Löse das Gitter vorsichtig ab und bedecke die Masse mit einem Stück alten Stoff. Rolle nun mit einem Nudelholz darüber, sodass das Wasser aus dem Brei herausgepresst wird. Löse anschließend vorsichtig den oberen Stoff ab. Wenn das Papier getrocknet ist, kannst du es vorsichtig abziehen.

● Schreibe alle Materialien aus dem Text heraus, die du zum Papierschöpfen brauchst.

○ Wenn du nach dieser Anleitung selbst Papier hergestellt hast, kannst du es mit deinem Namen beschriften und als Lesezeichen verwenden.

Besuch in einer Schuldruckerei 🐎 S. 85

Saki aus der Janosch Grundschule erzählt, wie er in der Schuldruckerei arbeitet:

„Als Erstes nehme ich mir einen Setzkasten und setze die Buchstaben einzeln in den Setzrahmen auf ein Setzschiff. Dabei muss ich die Buchstaben spiegelverkehrt einsetzen. Außerdem achte ich darauf, von unten nach oben zu schreiben.

Die Wortlücken fülle ich mit Leerkästchen aus, um sie zu erhalten. Mit dem Spiegel kontrolliere ich, ob ich keine Buchstaben falsch gesetzt oder Zwischenräume vergessen habe. Dann schraube ich die Zeilen einzeln fest.

Nun befestige ich das Setzschiff auf der Rollpresse. So kann mir beim Drucken nichts verrutschen. Ich nehme nicht zu viel Farbe und walze sie über die Platte. Mit einem Lappen wird die überflüssige Farbe abgeputzt.

Jetzt endlich kann ich das Blatt auflegen. Mit beiden Händen fasse ich die Rollpresse und rolle sie fest über das Blatt. Dann ziehe ich es vorsichtig hoch. Die Blätter hänge ich an einer Leine auf, damit die Farbe trocknen kann."

Der Prozess Gutenberg gegen Fust

Im Jahre 1455 fand in Mainz ein Prozess statt, der Tagesgespräch in den Wirtshäusern und auf dem Markt war. Ein angesehener Bürger, der Rechtsanwalt Johann Fust, klagte gegen den Goldschmied Johannes Gutenberg.

5 „Ich verlange die 1550 Gulden 📖 zurück, die ich dem Beklagten Gutenberg vor zehn Jahren geliehen habe", sagte vor dem Gericht der Rechtsanwalt Fust, „und das mit Zins und Zinseszinsen."

„Ich kann das Geld jetzt nicht bezahlen." Gutenberg schüttelte den Kopf. „Ich brauche einen Aufschub …"

10 „Wie lange?", wollte der Richter wissen.

„Drei Monate? Reicht das?"

„Drei Jahre, Euer Ehren. Noch drei Jahre."

Fust rief: „Das höre ich seit sechs Jahren. Zweimal habe ich dem Goldschmied Gutenberg drei Jahre Aufschub gewährt."

15 Der Richter fragte: „Stimmt das?"

„Es stimmt. Ich hatte mich damals aber getäuscht."

„Wer sagt, dass Ihr Euch nicht auch jetzt täuscht?"

„Eine Erfindung muss reifen, Euer 20 Ehren", sagte Gutenberg leise.

„Eine Erfindung braucht manchmal viel Zeit, bevor man sie verwirklichen kann. …

In all diesen langen Jahren musste 25 ich nicht nur mit technischen Problemen kämpfen, sondern auch gegen Spione, die versuchten, die Geheimnisse meiner Arbeit zu stehlen."

30 „Wenn Ihr wollt, lasse ich den Saal räumen. Aber um richtig entscheiden zu können, muss ich mehr davon wissen."

Der Richter ließ den Saal räumen und Gutenberg begann: „Die Idee hatte
35 ich, als ich in Straßburg als Goldschmied arbeitete und einige Buchdrucker
kennen lernte. Das war im Jahre 1435 – also vor zwanzig Jahren. Damals
arbeiteten die Buchdrucker genauso wie heute noch. Wisst Ihr wie?" „Nein."
„Die Seiten werden spiegelverkehrt auf Holzplatten geschrieben. Das Holz
um die Buchstaben wird herausgeschnitten. Dann wird die erhabene Fläche
40 der Buchstaben mit Hilfe einer Walze mit Druckfarbe bestrichen, das Papier
oder Pergament darauf gelegt und durch die Presse angedrückt. Auf diese
Weise kann man ungefähr dreihundert gleiche Seiten drucken. Aber die
Qualität wird immer schlechter, weil das Holz langsam nachgibt. …
Dann ist mir eine ganz einfache Idee gekommen: statt ganzer Seiten ein-
45 zelne Buchstaben aus Metall zu machen, die man immer wieder benutzt
und aus denen man die Wörter zusammensetzt.
Die Frage war: Woraus sollten die Buchstaben gemacht werden? Blei war
zu weich, Gold zu teuer. Ich musste neue Legierungen 📖 suchen. Ich
brauchte auch richtige Tinten – Drucktinten. So vergingen Jahre.
50 1445 kam ich nach Mainz zurück, kaufte mir eine Werkstatt und arbeitete weiter. Ein Jahr später bot mir der Rechtsanwalt Fust Geld an, weil er
wusste: Das von mir erfundene Druckverfahren mit beweglichen Buchstaben ist Gold wert. Fust wurde mein Teilhaber, sein Schwiegersohn Peter
Schöffer mein Gehilfe. … Er kann Euch sagen, dass ich mit meiner Erfin-
55 dung fast fertig bin." Der Richter rief Peter Schöffer herein. Gutenberg
schaute hoffnungsvoll auf seinen Gehilfen, der nun zu Wort kam:
„Gutenberg wird nie fertig, Euer Ehren, weil er sich immer wieder neue
Aufgaben stellt. Man sollte ihm die gesamte Ausrüstung und die Druck-
typen wegnehmen."
60 Nur zwei Jahre später, 1457, kamen aus der Werkstatt Gutenbergs die
ersten gedruckten Bücher: eine Bibel und das Psalterium Moguntinum 📖.
Sie erschienen unter dem Namen Fust und Schöffer. Gutenberg starb arm.

Dimiter Inkiow

- ● Was hat der Richter wohl entschieden? Wie hättest du geurteilt?

- ● Was ist der Vorteil von Metallbuchstaben gegenüber Holzplatten?

- ○ Ihr könnt die Szene vor Gericht nachspielen.

Wie ein Buch entsteht

Ich bin Buchverkäuferin. Wenn ich ein neues Buch zum ersten Mal in der Hand halte, muss ich oft an die vielen Menschen denken, die daran gearbeitet haben. Ich möchte sie euch vorstellen:

Ich bin Schriftstellerin und habe die Idee, ein Buch mit Tiergeschichten für Grundschulkinder zu schreiben. Häufig muss ich lange überlegen. Mir ist es sehr wichtig, dass den Kindern meine Geschichten gefallen. Zuerst muss ich sie aber dem Lektor und dem Verleger vorlegen.

Ich bin Lektorin. Ich lese alle Texte, die an den Verlag geschickt werden. Ich berate sowohl die Schriftstellerin als auch den Verleger.
Dieses Manuskript 📖 gefällt mir. Ich habe auch schon eine Idee, wie die Bilder aussehen könnten.

Ich bin Verleger. In meiner Firma werden Bücher hergestellt. Meine Mitarbeiterin, die Lektorin, hat mir empfohlen, die Tiergeschichten in großer Auflage zu veröffentlichen. Ich schließe mit der Schriftstellerin einen Vertrag. Darin steht, wann das Buch erscheint und wie viel Geld sie dafür bekommt.

Wir sind Herstellerin und Layouterin.
Gemeinsam überlegen wir, wie der
Text und die Bilder auf den einzelnen
Seiten angeordnet werden. Die Her-
stellerin entscheidet, welches Papier
genommen wird, und gibt den Auftrag
an die Druckerei weiter.
Ebenso kalkuliert  sie die Kosten.

Ich bin Illustrator. Ich habe die Tiergeschichten gelesen. Sie gefallen mir
gut. Der Verleger hat einen Vertrag
mit mir geschlossen. Darin steht zum
Beispiel, dass ich zu jedem Kapitel ein
passendes Bild malen soll und wie viel
Honorar  ich dafür bekomme.

Ich bin Drucker und sorge dafür, dass
der Text vervielfältigt wird. In unserer
Druckerei stehen Druckmaschinen für
große Papierbögen. Sie können immer
16 Buchseiten auf einmal drucken.
Diese müssen noch gefalzt und
beschnitten werden.

Ich bin Buchbinder. Ich achte darauf,
dass die Seiten eines Buches zusam-
mengeheftet und in den passenden
Einband geklebt werden.
Schließlich werden die Bücher in großen Kisten in ein Auslieferungslager
und von dort in die Buchläden gebracht. Da kannst du das Buch kaufen.

● Beschreibe die einzelnen Schritte der Buchherstellung mit eigenen Worten.

AH S. 36

Wörter mit g/d/b am Wortende

Wochenplan der Theatergruppe:
Mo: Einladun▨ für Donnersta▨ aufhängen
Die: Bil▨ malen und Wan▨ gestalten
Mi: Übun▨ des Auftritts
Do: Aufführun▨ am Aben▨

❶ Verlängere die Wörter. So kannst du hören,
wie sie geschrieben werden.

❷ Schreibe den Text ab und setze g , d oder g richtig ein.

Vorsilbe ent-

❸ Lies die Sätze. Setze dabei die Vorsilbe ent- ein.
Was fällt dir auf?

Die Katze ▨▨▨▨ lädt ihren Besitzern.
Vor dem Supermarkt ▨▨▨▨ täuscht ein Mann den LKW.
Timo ist von seiner Note ▨▨▨▨ deckt.
Kolumbus ▨▨▨▨ nimmt 1492 Amerika.
Oma ▨▨▨▨ wischt der Dose eine Praline.

❹ Schreibe die Verben hintereinander auf.

❺ Ordne nun jedem Satz das richtige Verb zu.
Schreibe die Sätze auf.

Pronomen

In der Pause spielen die meisten Kinder Fußball. Die Kinder laufen
dem Ball hinterher. Der Ball wird aus dem Spielfeld geschossen.
Ein Junge holt den Ball wieder. Mit Anlauf schießt der Junge den Ball
wieder ins Feld und das Spiel geht weiter.

❻ Schreibe den Text ab und ersetze dabei einige Nomen
durch Pronomen.

Nominativ

Am Nachmittag wollen Tim und Maro zur Eisbahn gehen.
Die beiden Jungen verabreden sich um 15.00 Uhr vor
der Halle. Maro ist zuerst da. Er wartet lange auf Tim.
Die Zeit vergeht nicht. Ständig schaut Maro auf die Uhr.
Nach zwanzig Minuten kommt Tim endlich. Maro ist sauer,
aber Tim entschuldigt sich. Endlich können die beiden
Jungen Schlittschuh laufen.

❶ Schreibe den Text im Präteritum auf.

❷ Erfrage und markiere jeweils den Nominativ.

Zusammengesetzte Nomen

Kleiderschrank — Schranktür — Türschloss — Schloss...

❸ Setze die Wörterreihe fort.
Das Grundwort wird jeweils zum Bestimmungswort.

❹ Vergleicht eure Reihen. Wer hat die meisten Wörter?

Die Klasse macht einen Ausflug in den **Garten
der Tiere**. Die **Lehrerin der Klasse** kauft
die Eintrittskarten. Viele Kinder wollen zuerst
zum **Haus der Affen**. Danach gehen sie zum
Gehege der Eisbären. Auf dem **Platz zum Spielen**
treffen sie sich wieder. Alle machen gemeinsam
eine **Pause zum Essen**. Anschließend zeigt ihnen
der **Wärter des Zoos** einige Tierbabys.
Zum Abschluss machen sie ein **Foto zur Erinnerung**.

❺ Setze die dick gedruckten Wörter zu zusammengesetzten Nomen
zusammen.

❻ Schreibe den Text mit den zusammengesetzten Nomen auf.

Fremdwörter

„Machen Sie eine **Forschungsreise** in das alte Ägypten",
so lautet der Aufruf für eine **Unternehmung**
des Stadtmuseums. Eine Schautafel **gibt Auskunft**
über das Leben der alten Ägypter. In der Ausstellung
erfahre ich, dass die Männer noch keine
Hosen aus blauem Baumwollstoff trugen.
Ihre Kleidung war ein **rockähnliches Kleidungsstück**
mit einem Gürtel.

| informiert | Expedition | Jeans | Aktion | Schurz |

❶ Ersetze die dick gedruckten Wörter durch die entsprechenden
Fremdwörter. Schreibe den Text auf.

Akkusativobjekt

Wen oder was benutzt die Hexe?	Das Museum
Wen oder was planen die Schüler?	Einen Besen
Wen oder was mögen die meisten Kinder?	Eine Ausstellung
Wen oder was besucht die Klasse?	Kuchen

❷ Bilde sinnvolle Sätze. Unterstreiche das Akkusativobjekt.
   Schreibe so: *Die Hexe benutzt …*

Frau Berger erklärt allen **den Druckkasten**.
Die Kinder holen sich **das notwendige Material**.
Lotta lässt **den Kasten** fallen.
Jetzt muss sie **die Buchstaben** einsortieren.
Kyra und Lotta können endlich **den Text** setzen.

❸ Erfrage die markierten Satzglieder.
   Schreibe die Fragen und die Antworten auf.

Zusammengesetzte Nomen

| Schreibmaschine | Rotstift | Kochbuch | Schülerbücherei |

| Geheimschrift | Steintafel | Papierblume | Druckfarbe |

❶ Zerlege die zusammengesetzten Nomen
in Bestimmungs- und Grundwort.

❷ Bestimme die Wortarten.
Schreibe sie so auf:
die Schreibmaschine: schreiben (Verb), die Maschine (Nomen), …

Dativobjekt

Tina schreibt ▨▨▨▨ einen Brief.   den Schülern

Sie berichtet ▨▨▨▨ von einem Besuch in der Druckerei.   einem Drucker

Ihre Klasse sah dort ▨▨▨▨ zu.   ihrem Freund

Er gestattete ▨▨▨▨ sogar selbst zu drucken.   ihm

❸ Bilde sinnvolle Sätze und schreibe sie auf.
Markiere das Dativobjekt.

Frau Schneider hat ihre Klasse in die Stadtbücherei geschickt.

Von dort sollen sie ihr Tierbücher mitbringen.

Die Bücherei bietet den Kindern eine große Auswahl .

Tim hat bereits ein Pferdebuch gefunden.

Strahlend zeigt er das Buch seinem Freund Jan .

KATZEN

❹ Schreibe den Text ab. Erfrage die markierten Satzglieder.
Unterstreiche die Dativobjekte und die Akkusativobjekte
unterschiedlich.

Wörter mit Ph/ph

Hieroglyphen   Strophe   Phase   Alphabet

Pharaonen   Philipp   Katastrophe   Sarkophag

Ein Teil eines Liedes: ▨▨▨ ✓
Ein anderes Wort für Abc: ▨▨▨ ✓
Ein Jungenname: ▨▨▨ ✓
Ein Unglücksfall: ▨▨▨ ✓

Schriftzeichen der alten Ägypter: ▨▨▨
Ein verzierter ägyptischer Sarg: ▨▨▨ ✓
Könige im alten Ägypten: ▨▨▨ ✓
Ein Zeitabschnitt: ▨▨▨

❶ Schreibe die Wörter und ihre Bedeutung so auf:
Ein Teil eines Liedes ist …

Dass oder das

Jan gehört das Fahrrad, ▨▨▨ einen roten Sattel hat.
Ruhe bedeutet, ▨▨▨ alle leise sind.
Die Kinder verabreden, ▨▨▨ sie sich nachmittags treffen.
Das Zebra ist ein Tier, ▨▨▨ schwarz und weiß gestreift ist.
Piri möchte, ▨▨▨ alle Bücher lesen.

❷ Setze dass oder das in die Sätze ein. Schreibe die Sätze ab.

Geheimschriften

Philipp und Pia wollen einen Text in Geheimschrift übersetzen.
Pia zeigt ihm ein Lied, das sie mag. Sie möchte, dass sie
die erste Strophe verwenden. Philipp ist einverstanden.
Mit ihrem Alphabet machen sie sich an die Übersetzung.
Bald stöhnt Philipp: „Wenn wir weiter so langsam arbeiten,
dann wird die Arbeit eine Katastrophe!" Pia schlägt ihm vor,
dass sie sich die Strophe aufteilen. Nach dieser Phase kommen
sie schnell voran.

❸ Übe den Text als Diktat.

Phase   Strophe   Alphabet   Katastrophe   Philipp

Die Wette
Des Rätsels Lösung S. 70/71 🦫

❶ Lege eine Tabelle an.
Ordne die Sätze den richtigen
Textüberschriften zu.

Diese Schrift wurde von G. F. Grotefend entziffert.
Diese Schrift wurde von J. F. Champollion entziffert.

Er schaffte es im Jahr 1822.
Er schaffte es im Jahr 1802.

Er entzifferte die Zeichen als Laute.
Er entzifferte zehn Zeichen der Schrift.

Er arbeitete weiter als Lehrer.
Er arbeitete weiter als Wissenschaftler.

Keilschrift	Hieroglyphen

Besuch in einer Schuldruckerei S. 75 🦫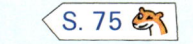

In welcher Schule ist Saki? (8. Buchstabe)

Was setzt Saki einzeln in den Setzrahmen? (2. Buchstabe)

Wie werden die Buchstaben in den Setzrahmen
eingesetzt? (letzter Buchstabe)

Womit kontrolliert Saki die gesetzten Buchstaben? (4. Buchstabe)

Was muss Saki festschrauben? (letzter Buchstabe)

Womit walzt er über die Druckplatte? (4. Buchstabe)

Womit wird die überflüssige Farbe abgeputzt? (5. Buchstabe)

Womit rollt Saki über das Blatt? (6. Buchstabe)

Wie muss Saki das Blatt von der Presse ziehen? (letzter Buchstabe)

❷ Schreibe die Antworten auf. Belege sie mit Absatz- und Zeilenangabe.

❸ Markiere die angegebenen Buchstaben. Sie ergeben ein Lösungswort.

Über die Erde

Über die Erde
sollst du barfuß gehen.
Zieh die Schuhe aus.
Schuhe machen dich blind.
Du kannst doch den Weg
mit deinen Zehen sehen.
Auch das Wasser
und den Wind.

Sollst mit deinen Sohlen
die Steine berühren,
mit ganz nackter Haut.
Dann wirst du bald spüren,
dass dir die Erde vertraut.

Unsere Erde schützen

Spür das nasse Gras
unter deinen Füßen
und den trockenen Staub.
Lass dir vom Moos
die Sohlen streicheln und küssen
und fühl
das Knistern im Laub.

Steig hinein,
steig hinein in den Bach
und lauf aufwärts
dem Wasser entgegen.
Halt dein Gesicht
unter den Wasserfall.
Und dann sollst du dich
in die Sonne legen.

Leg deine Wange an die Erde,
riech ihren Duft und spür,
wie aufsteigt aus ihr
eine ganz große Ruh.
Und dann ist die Erde
ganz nah bei dir,
und du weißt:
Du bist ein Teil von allem
und gehörst dazu.

Martin Auer

Unsere Erde im Wandel

Seit über hundert Jahren sammeln Forscher Daten über das Wetter. Sie messen die Regenmengen, sammeln Temperaturwerte und bestimmen die Windstärken. Die Regelmäßigkeiten, die sich dabei über eine Zeitspanne von etwa 30 Jahren erkennen lassen, bezeichnen die Wetterforscher als Klima. Das Wetter kann sich also täglich verändern, das Klima bleibt aber über einen langen Zeitraum immer gleich.

❶ Erkläre den Unterschied von Wetter und Klima.

❷ Schreibe alle Wörter mit Doppelkonsonanten aus dem Text heraus. Kennzeichne den kurz gesprochenen Vokal.

Die Erde umgibt eine gasförmige Hülle, die Atmosphäre 📖. Diese schützt die Erde zum einen vor Überhitzung und schädlicher Strahlung durch die Sonne. Zum anderen verhindert sie die Abkühlung der Erde. Wärme, die von der Erde abgegeben wird, lässt sie nicht hindurch.
Beim Verbrennen von Kohle, Öl oder Gas in Fabriken, Autos oder Flugzeugen entstehen giftige Gase. Diese schwächen die Funktion der Atmosphäre. Ähnlich wie in einem Treibhaus steigt die Temperatur auf der Erde weiter an, was zu einer Klimaveränderung führen kann. Dieser so genannte Treibhauseffekt wird auch durch die Abholzung großer Waldflächen begünstigt. Denn die Bäume können die giftigen Gase binden und so die Luft reinigen.

❸ Warum wird die Erdhülle mit einem Treibhaus verglichen?

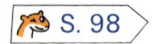 S. 98

AH S. 37

Wie sieht die Zukunft der Erde aus?

Die Umweltschützer warnen, dass das Eis an Nord- und Südpol weiter schmelzen und dadurch der Meeresspiegel weiter ansteigen wird. Durch die Erderwärmung wird das Eis der Arktis  immer früher im Jahr und stärker als zuvor schmelzen. So werden die dort lebenden Eisbären, Seerobben und Walrösser immer weitere Teile ihres Lebensraumes verlieren. Der Eisbär jagt seine Beute von den Eisschollen aus. Durch das frühe Schmelzen hat er weniger Zeit für die Jagd. So kann er sich weniger Fettreserven anfressen, was ihn anfälliger für Krankheiten macht. Wenn in den nächsten Jahren immer mehr Eis schmelzen wird, könnten ganze Küstenlandschaften oder Inseln überflutet werden. Die Erwärmung der Meere wird zudem das Entstehen von Wirbelstürmen begünstigen. Forscher befürchten, dass in Zukunft viele Naturkatastrophen, wie extreme Dürren oder Überschwemmungen entstehen werden.

❶ Schreibe die Sätze heraus, die die Zukunft beschreiben.

> Das **Futur** (die **Zukunft**) zeigt an, dass etwas in der Zukunft geschehen wird. Es wird mit dem **Hilfsverb „werden"** und dem **Verb in der Grundform** gebildet: Die Bäume **werden** erst im nächsten Monat **blühen**. **Wird** unser Baum Früchte **tragen**?

Man stellt Forderungen an die Politik und an unser eigenes Verhalten:
- Die Politiker erlassen neue Gesetze.
- Sie begrenzen die Abgase der Fabriken.
- Wir nutzen neue Energien.
- Die Industrie entwickelt abgasarme Autos.
- Wir verhalten uns umweltbewusster.

❷ Schreibe die Sätze im Futur auf.

❸ Unterstreiche werden und das Verb in der Grundform.

🐹 S. 99

AH S. 38

Wasser ist kostbar

Der tägliche Wasserverbrauch einer Person liegt in Deutschland
bei etwa 140 Litern. In Afrika dagegen muss ein Mensch am Tag mit
durchschnittlich zehn Litern Wasser auskommen. Außerdem müssen
die Menschen oft lange Fußwege zu einer Wasserstelle zurücklegen.
Bei uns wird das Grundwasser aus tieferen Erdschichten zum
Wasserwerk gepumpt und dort gereinigt. Das saubere Trinkwasser
fließt dann in Wasserrohren zu den Wohnhäusern.
In den armen Ländern Afrikas fehlt das Geld zur Wasseraufbereitung.
Das Trinkwasser ist häufig verschmutzt, was zu lebensbedrohlichen
Krankheiten führen kann.

❶ Stelle in einer Tabelle die Trinkwasserversorgung
bei uns und in Afrika gegenüber.

❷ Schreibe die zusammengesetzten Nomen mit Wasser
aus dem Text heraus.

Großer Wasserrohrbruch

Bei Straßenbauarbeiten wurde gestern um 9 Uhr in der Marktstraße
eine Hauptwasserleitung beschädigt. Erst am Abend konnten
die Reparaturen abgeschlossen werden. Die Anwohner mussten
insgesamt 10 Stunden ohne Wasser auskommen. Danach verzeichnete
das Wasserwerk einen besonders hohen Wasserverbrauch.

---

❸ Warum ist am Ende des Tages
der Wasserverbrauch stark angestiegen?

❹ Wozu brauchst du im Laufe des Tages Wasser?

❺ Erkundige dich über die Wassermengen,
die dabei im Einzelnen verbraucht werden.

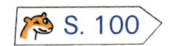 S. 100

AH S. 39

Wasser sparen

Wasser ist kostbar. Deshalb überlegen die Kinder der Klasse gemeinsam, wie sie in Zukunft den Verbrauch vermindern könnten. Sie wollen ihr Verhalten verändern, denn sie sind in der Vergangenheit oft verschwenderisch mit Wasser umgegangen. Nun wollen sie sich verantwortungsbewusster verhalten. Sie sammeln Verbesserungsvorschläge und vereinbaren vernünftige Ziele.

Und was ist mit „fertig"?

❶ Schreibe die Wörter mit der Vorsilbe Ver-/ver- heraus.

❷ Bilde weitere Wörter mit der Vorsilbe.

> Unsere Ziele sind:
>
> Wir wollen ...
> ... nicht jeden Tag baden.
> ... die Blumen nur mit Regenwasser gießen.
> ... das Wasser beim Zähneputzen nicht einfach laufen lassen.
> ... nicht unnötig lange duschen.

❸ Welche Möglichkeiten gibt es noch, um Wasser einzusparen? Tauscht euch aus.

> Will man jemanden auffordern, etwas zu tun, oder zu unterlassen, formuliert man die Sätze im **Imperativ (Befehlsform)**.
> **Achte** auf den Wasserverbrauch! **Nutze** das Wasser sinnvoll!

❹ Formuliere die Ziele der Klasse im Imperativ: *Bade nicht ...*

⑤ Ihr könnt weitere Forderungen formulieren und damit ein Plakat gestalten.

 S. 101–104

Müll vermeiden und trennen

❶ Lies den Text. Was fällt dir auf?

Unser Leben wäre heute ohne Papier undenkbar. Auf Papier tauschen wir Informationen aus schreiben Geschichten lesen Bücher und notieren wichtige Termine. Der Papierverbrauch für Zeitschriften Hefte Bücher und Verpackungsmaterial ist in den letzten Jahren sprunghaft angestiegen. Da Papier in der Regel aus Holzfasern hergestellt wird, werden für diesen Rohstoff immer mehr Wälder abgeholzt.
Bei der Papierherstellung wird zudem eine große Menge Energie verbraucht. Der Papierabfall führt schließlich zu riesigen Müllbergen.

❷ Wozu benötigst du Papier? Erzähle.

❸ Schreibe den Text ab. Unterstreiche die beiden Sätze mit Aufzählungen und setze die Kommas.

Durch unser Verhalten können wir dazu beitragen, dass weniger Müll entsteht. Beim Einkaufen sollten wir Produkte mit unnötigen Verpackungen vermeiden. Eine richtige Mülltrennung ist Voraussetzung für ein Recycling 📖 der einzelnen Stoffe. So kann aus Altpapier wieder „neues" Papier hergestellt werden.

❹ Welche unterschiedlichen Verpackungen kennst du?

❺ Erkundige dich über die Regeln der richtigen Mülltrennung.

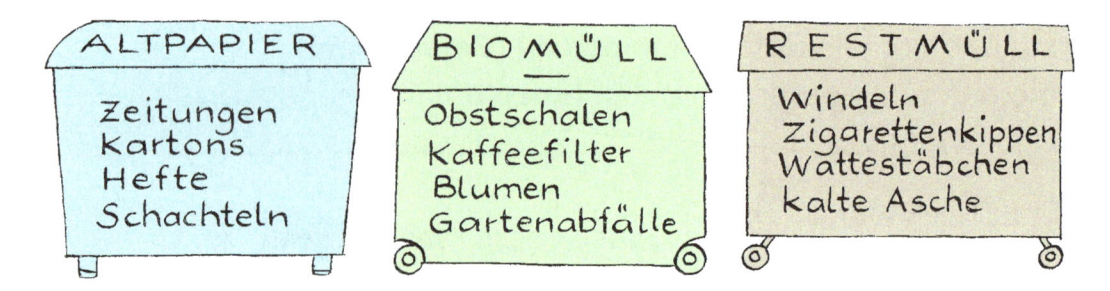

❻ Schreibe auf, wohin der Müll gehört: *Zum Altpapier gehören Hefte, ...*

 S. 105/106

AH S. 42

Planung eines Umwelttages

Frau Schäfer will mit der Klasse einen Umwelttag an der Schule organisieren. Dazu werden Vorschläge und Ideen in einem Cluster gesammelt.

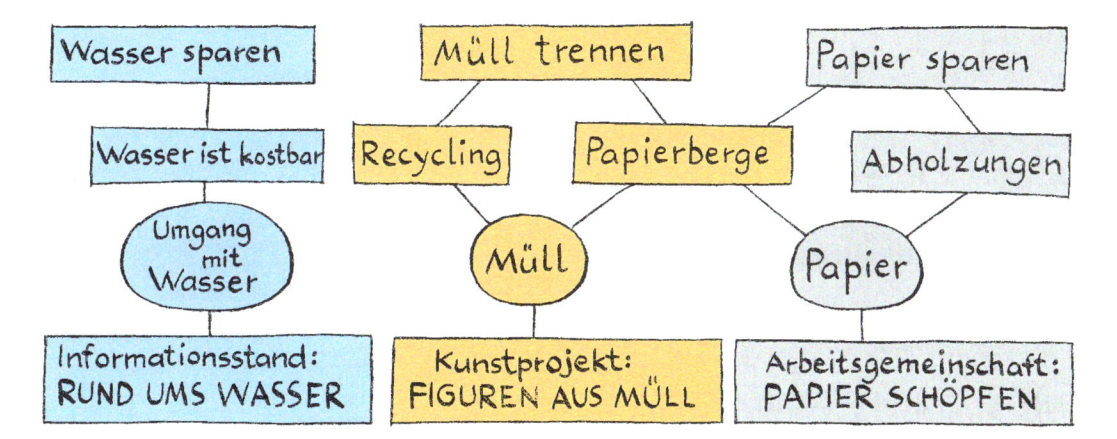

① Du kannst weitere Oberbegriffe ergänzen und dazu Ideen sammeln.

So kannst du ein Cluster erstellen:

1. Sammelt Ideen zu einem Thema in Stichwörtern.
2. Ordnet die Stichwörter nach grundlegenden Bereichen und umrahmt diese.
3. Ergänzt die umrahmten Bereiche mit weiteren Einfällen und verbindet sie mit dem Oberbegriff durch einen Strich.
4. Du kannst ein Cluster auch als Wörtersammlung für einen Text nutzen.

Wald   Förster   Zoo   Abholzung   bedrohte Tierarten

Tierwelt   Tierschutz   Gorilla   Baumsterben   Regenwald

❷ Ordne die Wörter den Oberbegriffen **Wald** und **Tierwelt** zu.

❸ Wähle dir einen der beiden Oberbegriffe aus und erweitere ihn mit eigenen Ideen.

④ Du kannst dein Cluster als Ideensammlung für eine Geschichte nutzen.

Wie kannst du helfen?

Hanna und Jan informieren sich über eine Umweltgruppe:

Die Aufgaben der Umweltgruppe

Wir informieren vor den Sommerferien über das Schicksal ausgesetzter Tiere.

Im Frühling stellen wir die Schutzzäune für die Kröten auf.

Wir reinigen im Oktober den See vom Campingmüll.

Wir führen jede Woche die Hunde des Tierheimes aus.

Und wer schützt mich?

❶ Schreibe die Aufgaben der Umweltgruppe ab.
Unterstreiche die Zeitangaben.

❷ Schreibe im Futur auf, was sie plant.
Beginne jeweils mit der Zeitangabe.
Schreibe so: *Vor den Sommerferien werden …*

Justus bringt eine Übersicht über die Arbeit seiner Vogelschutzgruppe mit.

Arbeitsplan der Vogelschutzgruppe

| Frühjahr: | Nistkästen befestigen | Herbst: | Nistkästen reinigen |
| Sommer: | Vogelhäuser bauen | Winter: | Futterglocken aufhängen |

❸ Formuliere aus den Notizen ganze Sätze in der wir-Form.
Schreibe so: *Im Frühjahr befestigen wir …*

❹ Schreibe nun die Sätze im Futur auf: *Im Frühjahr werden wir …*

❺ Wie würdest du gern helfen? Begründe deine Entscheidung.

AH S. 43

Einsatz für die Erdkröten

Die Kinder der örtlichen Naturschutzgruppe beschäftigten sich in den letzten Wochen mit Tieren an und im Wasser. Sie erfuhren dabei Interessantes über das Leben der Erdkröten. Bei einer Wanderung am Ufer des Mains informierte der Förster Kai Lange auch für Laien verständlich über das besondere Verhalten der Kröten: „Die Erdkröten kehren im Frühjahr aus ihren Winterquartieren zu den Tümpeln und Teichen zurück, in denen sie selber geschlüpft sind. Dort werden sie laichen, also ihre Eier ablegen. Ein Gefahrenpunkt stellt dabei die Überquerung viel befahrener Landstraßen dar."

Die Naturschutzgruppe errichtete deshalb an diesen Straßen Zäune und hob dahinter Gräben aus. Dort stellten sie Eimer auf, in die die Kröten hineinfielen. Die Naturschützer trugen die Kröten sicher über die Straße und ließen sie dann wieder frei. Im Mai werden dann die Kaulquappen schlüpfen.

❶ Woran erkennst du, dass dieser Artikel ein Bericht ist?

❷ Schreibe die fünf W-Fragen heraus, über die ein Bericht informiert. Beantworte sie für diesen Artikel schriftlich.

❸ Schreibe die Wörter mit ai aus dem Text heraus.

Wir kauften einen Laib Brot.   Er zitterte am ganzen Leib.

Diese Seite kann ich nicht lesen.   Die Saite ist gerissen.

❹ Schreibe alle Nomen mit ai und ei heraus. Erkläre die Wortbedeutungen.

 S. 107

AH S. 44

Geschützte Tiere und Pflanzen

Weltweit ist jede dritte Tier- und Pflanzenart vom Aussterben bedroht. Jeden Tag sterben mindestens 100 Tier- und Pflanzenarten aus. Dazu tragen auch die Menschen durch ihr teilweise rücksichtsloses Verhalten bei.

Die bedrohten Tier- und Pflanzenarten werden weltweit in einer „Roten Liste" veröffentlicht. Diese gibt in Stufen an, wie stark gefährdet eine Art ist.

Der Kuckuck leidet unter den Folgen des Klimawandels und könnte langfristig im Bestand gefährdet sein. Er brütet seine Eier nicht selber aus, sondern schiebt sie anderen Vögeln, wie dem Teichrohrsänger zum Brüten unter. Doch dieser „Wirtsvogel" kehrt wegen der

Erderwärmung früher aus den Winterquartieren zurück und beginnt früher mit der Brut. Weil der Kuckuck aber weiterhin erst Mitte April zurückkehrt, können seine Eier nicht mehr lange genug ausgebrütet werden.

So wurde der Biber vor allem wegen seines Felles fast bis zur vollständigen Ausrottung in Deutschland gejagt. Doch sein Aussterben konnte verhindert werden, indem Biber gezüchtet und in der freien Natur wieder angesiedelt wurden. Heute steht er unter Naturschutz und es gilt ein nahezu vollständiges Jagdverbot.

So steht er mittlerweile nicht mehr auf der Roten Liste.

❶ Wähle einen Text aus. Erzähle ihn mit eigenen Worten nach.

❷ Erkundige dich über die „Rote Liste".

AH S. 45

Um dem Aussterben bestimmter Tier- und Pflanzenarten entgegen-
zuwirken, werden Naturschutzgebiete errichtet. Dadurch stehen die
in diesen Landschaften vorkommenden Tier- und Pflanzenarten
unter besonderem Schutz. Auf Hinweistafeln wird darauf hingewiesen,
dass in diesem Gebiet alle Handlungen verboten sind, die den
Lebensraum zerstören, beschädigen oder verändern könnten.

❸ Welches Verhalten ist hier verboten?
Formuliere im Imperativ, wie man sich verhalten soll.

Die Kinder haben Steckbriefe zu geschützten Pflanzen geschrieben:

> Die Sumpfdotterblume
> · glänzende, dottergelbe Blüten
> · breite, herzförmige Blätter
> · blüht von März bis Juni
> · wächst auf feuchtem Grund wie Bachufern,
>   nassen Wiesen oder Überschwemmungsgebieten
> · Samen schwimmen auf dem Wasser und werden
>   so verbreitet
> · Nektar dient den Wasserinsekten als Nahrung

❹ Informiert euch über weitere geschützte Pflanzen.

❺ Erstelle einen Steckbrief zu einer geschützten Pflanze.

⑥ Ihr könnt eure Steckbriefe auf einem Plakat zusammenstellen.

Eine unbequeme Wahrheit

Zwei Regionen unserer Erde reagieren besonders empfindlich auf die Klimaerwärmung: Arktis und Antarktis.

In diesen Reichen des ewigen Eises macht sich der Klimawandel viel früher und massiver bemerkbar als auf jedem anderen Fleck der Welt. Auf Bildern sehen sich die Oberflächen der beiden Pole zum Verwechseln ähnlich. Hier wie da Eis und Schnee, so weit das Auge reicht. Aber unter dem Eis könnten sie unterschiedlicher kaum sein:

Die Arktis ist ein von Landmassen umgebener Ozean, die Antarktis eine von Meer umgebene Landmasse. Das arktische Schelfeis ist durchschnittlich weniger als drei Meter dick. Es schwimmt auf dem Meer – man kann es sich wie eine riesige treibende Eislaufbahn vorstellen. Weil diese schwimmende Eiskappe so dünn ist, ist sie durch die rapide ansteigenden Temperaturen extrem gefährdet. Nirgendwo sonst auf der Erde steigen die Temperaturen im Zuge der Klimaerwärmung schneller an als in der Arktis. Als Schelfeis bezeichnet man eine große Eisplatte, die auf dem Meer schwimmt und mit einem Gletscher an Land verbunden ist. Das Ward-Hunt-Schelfeis ist das größte Schelfeis in der Arktis. Vor vier Jahren brach die seit 3000 Jahren stabile Eismasse zum Erstaunen der Wissenschaftler in zwei etwa gleich große Teile auseinander. Die Arktis bleibt normalerweise 365 Tage im Jahr gefroren – Tauwetter gibt es nicht. Doch jetzt schmilzt die arktische Eiskappe rasch ab, weil sie so dünn ist und weil sie auf dem viel zu warmen Nordpolarmeer schwimmt. Und je mehr Eis schmilzt, desto schneller schmilzt auch der Rest ab (…)

Die Ursache für das Schmelzen der Pole liegt also in der Klimaerwärmung. Neueste Studien belegen: Wenn wir weiterhin so große Mengen an Treibhausgasen in die Atmosphäre schleudern, wird die Arktis während der Sommermonate jedes Jahr komplett abschmelzen.

Al Gore

AH S. 46

Tiere in der Arktis und der Antarktis S. 113

Die Arktis auf der Nordhalbkugel ist der Lebensraum eines der größten Raubtiere der Erde, des Eisbären. Erwachsene männliche Eisbären können bis zu drei Meter lang und 800 kg schwer werden. Eisbären ernähren sich hauptsächlich von Robben und Fischen.
Die trächtige Eisbärin zieht sich im Oktober oder November in eine

Schneehöhle zurück und bringt dort in der Regel Zwillinge zur Welt. Erst im März verlässt sie die Höhle und betreut ihre Kinder dann zwei Jahre lang. Ansonsten sind Eisbären Einzelgänger.

Pinguine leben auf der Südhalbkugel, unter anderem in den Küstengewässern der Antarktis. Obwohl Pinguine Vögel sind, können sie nicht fliegen, sondern nutzen ihre Flügel wie Flossen zum Schwimmen. Ihr eigentlicher Lebensraum ist das offene Meer, nur zum Brüten ziehen sie sich an Land zurück.

Das Ei wird von den Pinguinmännchen gemeinsam mit Tausenden anderer Männchen in einer sich gegenseitig wärmenden Brutkolonie ausgebrütet. In dieser Zeit fangen die Weibchen im Meer Tintenfische und kommen nach etwa zwei Monaten mit vollen Kröpfen rechtzeitig zum Schlüpfen ihrer Pinguinküken zurück. Wenn das Männchen dann nach etwa zwei Monaten von der eigenen Futtersuche zurückkommt, zieht das Paar den Nachwuchs gemeinsam auf.

● Fasse einen der Texte in Stichworten zusammen.

AH S. 47

Reine Frauensache

In Äthiopien ist Wasserholen die Aufgabe der Frauen und Mädchen. Weil die Mütter zu Hause gebraucht werden, schicken sie meist ihre Töchter los, sobald sie 12 oder 13 Jahre sind. Aber auch alte Frauen müssen ihr Wasser selbst holen, zum Beispiel Großmütter, die keinen mehr haben, der ihnen diese Arbeit abnimmt. Früher schnallten sie sich einen großen Tonkrug auf den Rücken und machten sich damit auf den Weg; heute nehmen sie häufig leichtere Plastikkanister statt der schweren Tonkrüge.

Ist kein Brunnen in der Nähe, müssen sie manchmal stundenlang zum nächsten Fluss oder Wasserloch laufen, und dann wieder zurück mit dem randvollen Gefäß, bei sengender Hitze, und das manchmal mehrmals am Tag. Eine mühselige Plackerei, denn ein gefüllter Krug hat ein unglaubliches Gewicht, und auch ein Kanister drückt noch schwer genug auf den gebeugten Rücken der Frauen.

Klar, dass diese Menschen sehr sparsam mit Wasser umgehen. Wir in Deutschland verbrauchen im Durchschnitt täglich 140 Liter Wasser pro Person – Äthiopier, die auf dem Land leben, müssen am Tag mit fünf bis zehn Litern pro Kopf auskommen und damit waschen, putzen, spülen, kochen, ihren Durst stillen. Die Hygiene kommt dabei zwangsläufig zu kurz, und wo es an Sauberkeit fehlt, breiten sich Krankheiten wie Durchfall oder Hauterkrankungen aus. Man kann sich gar nicht vorstellen, wie sehr es äthiopischen Frauen und Mädchen, das Leben erleichtert, einen Brunnen in der Nähe zu haben, welche Strapazen ihnen dadurch erspart bleiben. Nicht nur, dass sie ihren Rücken schonen können – die Mädchen haben dann auch endlich Zeit, in die Schule zu gehen und die ganze Familie lebt gesünder, weil sich alle häufiger waschen können.

Leo G. Lindner und Doris Mendlewitsch

● **Welche Folgen hat ein Brunnenbau für die Frauen und Mädchen?**

Kater Zorbas und das Ei 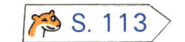 S. 113

Der große schwarze dicke Kater lag auf dem Balkon in der Sonne, schnurrte behaglich und dachte daran, wie gut es ihm doch ging, so mit angezogenen Pfoten und ausgestrecktem Schwanz dazuliegen und sich die warmen Sonnenstrahlen auf den Bauch scheinen zu lassen. Als er sich gemächlich herumwälzte, um den
5 Rücken in die Sonne zu halten, vernahm er das Surren eines fliegenden Gegenstandes, den er nicht einordnen konnte und der sich mit großer Geschwindigkeit näherte. Alarmiert sprang er auf die Beine und konnte sich gerade noch zur Seite werfen, um der Möwe auszuweichen, die auf den Balkon klatschte.
Es war eine schmutzige Möwe. Sie war über und über mit einer stinkenden
10 schwarzen Brühe bedeckt. Zorbas näherte sich ihr und die Möwe versuchte mit schleifenden Flügeln auf die Beine zu kommen.
„Das war aber keine sehr elegante Landung", miaute der Kater.
„Tut mir Leid. Ich hab's nicht besser hingekriegt", krächzte die Möwe.
„Hör mal, du siehst aber schlimm aus. Was hast du denn da in den Federn
15 kleben? Und wie du stinkst!", miaute Zorbas.
„Ich bin in eine schwarze Welle geraten. Die schwarze Pest. Der Fluch der Meere. Ich muss sterben", krächzte die Möwe jammervoll.
„Sterben? Sag nicht so was. Du bist erschöpft und du bist schmutzig. Das ist alles. Warum fliegst du nicht zum Zoo? Das ist nicht weit und dort gibt es Tierärzte,
20 die dir helfen könnten", miaute Zorbas.
„Ich kann nicht. Dies hier war mein letzter Flug", krächzte die Möwe fast unhörbar und schloss die Augen.
„Stirb bloß nicht! Ruh dich ein bisschen aus, dann kommst du schon wieder auf die Beine, du wirst sehn. Hast du Hunger? Ich hole dir was zu essen, aber stirb
25 bloß nicht", miaute Zorbas und trat noch näher an die verendende Möwe heran. Er überwand seinen Ekel und leckte ihr den Kopf. Die schwarze Schmiere, die den Vogel bedeckte, schmeckte auch noch abscheulich. Als er der Möwe mit seiner Zunge über den Hals fuhr, merkte er, dass ihre Atmung immer schwächer wurde.
30 „Hör mal, meine Liebe, ich will dir gerne helfen, aber ich weiß nicht, wie. Sieh du, dass du dich ein bisschen erholst, während ich mich mal umhöre, was man mit einer kranken Möwe macht", miaute Zorbas und kletterte aufs Dach. Er war schon auf dem Weg zum Kastanienbaum, als er hörte, wie die Möwe ihn rief.
35 Erleichtert kehrte er um.
„Möchtest du etwas von meinem Essen?", miaute er hoffnungsvoll.
„Ich will ein Ei legen. Mit meinen letzten Kräften will ich noch ein Ei legen.

Mein lieber Freund, ich sehe, dass du ein guter Kater bist und eine edle Gesin-
nung 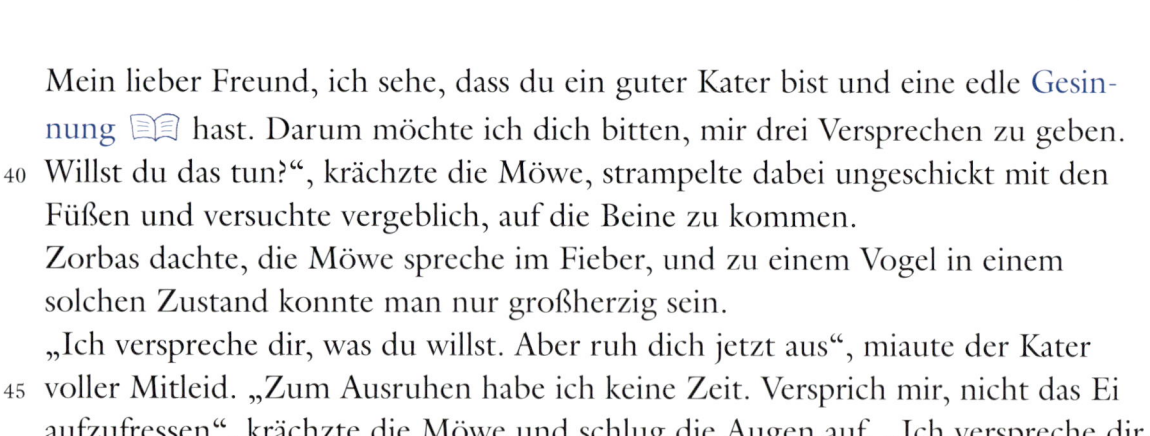 hast. Darum möchte ich dich bitten, mir drei Versprechen zu geben.

40 Willst du das tun?", krächzte die Möwe, strampelte dabei ungeschickt mit den
Füßen und versuchte vergeblich, auf die Beine zu kommen.

Zorbas dachte, die Möwe spreche im Fieber, und zu einem Vogel in einem
solchen Zustand konnte man nur großherzig sein.

„Ich verspreche dir, was du willst. Aber ruh dich jetzt aus", miaute der Kater

45 voller Mitleid. „Zum Ausruhen habe ich keine Zeit. Versprich mir, nicht das Ei
aufzufressen", krächzte die Möwe und schlug die Augen auf. „Ich verspreche dir,
nicht das Ei aufzufressen", miaute Zorbas. „Versprich mir, es zu hüten, bis das
Küken ausschlüpft", krächzte die Möwe und hob ihren Kopf.

„Ich verspreche dir, es zu hüten, bis das Küken ausschlüpft", miaute Zorbas.

50 „Und versprich mir, ihm das Fliegen beizubringen",
krächzte der Vogel und blickte dem Kater
fest in die Augen. Da dachte Zorbas,
dieser Unglücksvogel spreche nicht nur
im Fieber, sondern sei auch noch komplett

55 verrückt geworden.

„Ich verspreche dir, ihm das Fliegen beizubringen. Und jetzt ruh dich aus, ich hole schnell Hilfe", miaute Zorbas und sprang mit einem Satz auf das Dach. Kengah schaute zum Himmel, dankte allen guten Winden, die sie begleitet hatten, und gerade als sie ihren letzten Seufzer tat, kullerte ein kleines weißes Ei

60 mit blauen Tupfen unter ihrem öldurchtränkten Gefieder hervor.

Zorbas fragt seine Katzenfreunde Schlaumeier, Secretario und Colonello um Rat, was er denn nun mit dem Ei machen solle.

„Aber ich weiß doch gar nicht, wie man sich um ein Ei kümmert! Ich habe mich noch nie um ein Ei kümmern müssen!", miaute Zorbas verzweifelt.

65 Darauf richteten sich alle Blicke auf den Schlaumeier. Vielleicht ließ sich in seinem berühmten Le-xi-kon etwas darüber finden.
„Da muss ich in Band 5 unter ‚E' nachschauen. Da findet sich bestimmt alles, was wir über Eier wissen müssen; aber fürs Erste empfehle ich Wärme, Körperwärme, viel Körperwärme", riet der Schlaumeier mit schulmeisterlich belehrender

70 Stimme.

„Das heißt, sich auf das Ei legen, ohne es zu zerbrechen", bemerkte Secretario.
„Genau das wollte ich gerade vorschlagen. Sie haben eine erstaunliche Fähigkeit,
mir das Miauen aus dem Mund zu nehmen. Zorbas, lege dich zu dem Ei und
wir begleiten den Schlaumeier zu seinem Flexi…Kexi…, na ja, du weißt schon.
75 Gegen Abend kommen wir zurück und dann begraben wir diese arme Möwe",
entschied Colonello und sprang aufs Dach.

Der Schlaumeier und Secretario taten es ihm nach. Zorbas blieb auf dem Balkon
bei dem Ei und der toten Möwe. Sehr behutsam streckte er sich auf dem Boden
aus und zog das Ei mit einer Pfote ganz nah an seinen Bauch.
80 Er kam sich lächerlich vor …
Aber ein Versprechen ist ein Versprechen und so döste er, von den Sonnenstrahlen
gewärmt, langsam ein, das weiße Ei mit den blauen Tupfen ganz dicht an seinem
Bauch.

Luis Sepúlveda

- Weshalb musste die Möwe sterben?

- Warum denkt Zorbas, die Möwe spreche
  im Fieber?

- Was wird Zorbas nun tun?

Was steckt drin im Papier?

Tim und Lena, die beiden Umweltdetektive, nehmen sich nichts Geringeres vor, als die Welt zu retten: Sie sind dem Stromklau auf den Fersen, decken Schandtaten in Herrn Reinlichs Garten auf, zeigen, wie man Wärme in Taschengeld verwandelt und vieles mehr. Die Welt zu retten ist spannende Detektivarbeit, die obendrein noch Spaß macht. Weltretter sein, das kannst du auch – wetten!?

Mit Bus und Straßenbahn sind Tim und Lena fast trocken in der Schule angekommen. Naja, bis auf die paar Tropfen auf den letzten Metern zum Schultor...aber der Regen hat ja auch sein Gutes: Er hilft den Kletterpflanzen, die die Schüler letztes Jahr eingesetzt haben, schneller zu wachsen. Man sieht schon viel weniger Grau an der Schulmauer. Ein schöner Erfolg! Und nun haben sich alle Schüler in der Aula versammelt, um mit Tim und Lena ein neues Umweltprojekt zu starten. Nur was – das wissen sie noch nicht. Der Mathelehrer Herr Winkler hängt einen großen Bogen Papier auf. „Schön, dass ihr gekommen seid", begrüßt er Tim und Lena.
„Lasst uns gleich anfangen, Ideen zu sammeln. Ich werde sie erst mal alle auf diesem Papier notieren ..."
„Hmm", macht Lena mit einem Blick auf den Bogen.
„Und ich schreibe mit", ruft die eifrige Susanne in der ersten Reihe und schlägt ihr Heft auf.
„Hmm", macht jetzt Tim.
„Was heißt ‚Hmm'?", fragt Herr Winkler irritiert.
„Das heißt, ich glaube wir müssen gar nicht mehr lange nach einer Idee suchen."
Lena fragt die Kinder: „Dürfen wir mal die Hefte von euch allen sehen? Und vielleicht auch, was ihr sonst noch so an Papier dabeihabt ..."
Die Kinder kramen in ihren Taschen, und es zeigt sich, dass Tims und Lenas Spürsinn sie auch diesmal auf die richtige Fährte geführt hat: Schulhefte, Zeichenblöcke, Notizzettel ... alles Papier der Kinder ist so strahlend weiß, dass der Kennerblick der Umweltdetektive sofort das umweltschädliche Papier aus frischem Holz erkennt.
„Wir haben einen ganz einfachen Vorschlag", sagt Tim schließlich laut.
„Verwendet anderes Papier! Steigt um auf Recyclingpapier. Das wird

nicht aus Bäumen gemacht, sondern aus anderem gebrauchten Papier."
Herr Winkler hatte sich irgendwie mehr erhofft.

„Das ist alles? Ist das denn so wichtig?" „Oh ja", sagt Lena mit Nachdruck.
„Fast die Hälfte von allem Holz, das auf der Erde gefällt wird, geht in die
Papierherstellung. So verschwinden immer mehr unberührte Wälder in
Schreibheften, Briefbögen oder Malpapier."

„Ach, du dickes Ei", stöhnt da einer laut. So viele abgesägte Bäume nur
zum Vollkritzeln?" „Wenn man es schlau anstellt, kann man Papier bis zu
sieben Mal verwenden. Dafür muss man nur das alte sammeln", erzählt
Lena weiter. „Wird das Papier dann nicht immer schwärzer?", fragt ein
Mädchen.

„Nein. Die Tinte und Farbe werden aus dem alten Papier jedes Mal wieder
herausgeholt. Es wird nur ein kleines bisschen dunkler. Und stellt euch vor:
Für die Herstellung von Recyclingpapier braucht man nur ein Drittel der
Energie und ein Sechstel des Wassers – im Vergleich zur Herstellung von
neuem."

Ein Sechstel – als guter Mathelehrer weiß Herr Winkler, dass das wirklich
viel weniger ist. Plötzlich findet er Tims und Lenas Idee doch sehr gut.
„Aber dann sollten alle mitmachen, auch wir Lehrer, nicht wahr?" Für die
Kinder ist nun klar, dass sie ihr neues Umweltprojekt gefunden haben.
„Wann geht's denn los?" „Jetzt sofort!"

Kurz entschlossen ruft Herr Winkler beim Schreibwarenhändler Holländer
an und fragt, ob sie Recyclingpapier für die ganze Schule liefern können.
Die Holländers sind völlig aus dem Häuschen. So eine große Bestellung
habe sie lange nicht mehr bekommen. „Wir machen euch einen guten
Preis", versprechen sie. Die Sache ist geritzt. Und wenn die Lieferung
kommt, werden die Kinder als Erstes ein großes Plakat malen: „Papier aus
Urwäldern – ohne uns!" Das kommt in die Eingangshalle. Damit jeder
gleich sieht, dass an dieser Schule Kids mit Durchblick unterwegs sind.

Andreas Schlumberger

- Was hältst du von diesem Umweltprojekt?

○ Du kannst einen Artikel für die Schülerzeitung
dieser Schule entwerfen, in dem du das neue
Projekt vorstellst und zum Mitmachen aufforderst.

Kröte  S. 113

Die Kröte kroch mit großem Schnaufen
bedächtig auf den Maulwurfhaufen
und sah sich um, von Stolz geschwellt:
Wie groß ist doch die weite Welt!

Heinrich Seidel

Rätsel

Er hockt auf einem grünen Blatt,
er frisst sich an den Mücken satt.
Ruft laut im Chor: „krroak, krroak",
im Springen ist er meisterstark!

(Lösung: Frosch)

Regina Bestle-Köfer

Wie ertrunken, wie versunken

Horch am Weg dies leise Läuten,
so ganz eigen klingt es, so
wie ertrunken, wie versunken,
und man weiß nicht recht, von wo.
Sag, was soll dies Ding bedeuten?

In der Pfütze sitzen Unken,
wohnend wie im Himmelreich.
Und dies Rufen, immer gleich,
dieser wunderzarte Klang
ist ihr fröhlicher Gesang.

Josef Guggenmos

Zusammengesetzte Nomen

❶ Kannst du die Bilderrätsel lösen?
Schreibe die zusammengesetzten Nomen auf.
Schreibe so: *das Wasser, der Hahn: der Wasserhahn …*

② Du kannst dir eigene Rätsel für deinen Partner ausdenken.

Sätze mit dass und das

Tim gehört das Fahrrad, ▨▨▨ an der Wand lehnt.
Sein Freund sagt ihm, ▨▨▨ er es nicht abgeschlossen hat.

Lena hofft, ▨▨▨ endlich wieder die Sonne scheint.
Sie will ihr neues Kleid anziehen, ▨▨▨ ihre Oma genäht hat.

Man erkennt ein Kamel daran, ▨▨▨ es zwei Höcker hat.
Das Tier, ▨▨▨ nur einen Höcker hat, nennt man Dromedar.

❸ Setze dass oder das in die Sätze ein.
Schreibe die Sätze ab.

Dativ- und Akkusativobjekte

⚀ Wen oder was melkt der Bauer?	⚀ die Zootiere
⚁ Wen oder was bringt der Postbote?	⚁ die Kühe
⚂ Wen oder was füttert der Tierpfleger?	⚂ die Brötchen
⚃ Wen oder was backt man im Ofen?	⚃ die Briefe
⚄ Wen oder was sieht man am Himmel?	⚄ die Schüler
⚅ Wen oder was unterrichtet die Lehrerin?	⚅ die Sterne

❶ Würfle immer zweimal. Der erste Wurf bestimmt eine Frage aus der linken Spalte, der zweite Wurf ein Akkusativobjekt aus der rechten Spalte.

❷ Bilde aus den gewürfelten Teilen einen Satz.

❸ Bilde nun drei sinnvolle Sätze. Unterstreiche jeweils das Akkusativobjekt. Schreibe so: *Der Bauer melkt …*

④ Du kannst auch Unsinnsätze bilden.

Frau Kirsch erklärt _____ den Arbeitsauftrag.
die Schüler

Die Tischgruppen sollen _____ über Tiere halten.
ein Referat

Sie können sich _____ selber aussuchen.
das Tier

In der Bücherecke finden sie _____.
die Tierbücher

Die Lehrerin kann _____ bei den Planungen helfen.
die Kinder

Am Freitag sollen sie _____ ihr Tier vorstellen.
die Mitschüler

❺ Setze das fehlende Satzglied im richtigen Fall ein.
Schreibe so: *Frau Kirsch erklärt den Schülern …*

❻ Gib hinter den Sätzen an, in welchem Fall das Objekt steht.

Doppelkonsonanten

Kater Musch räkelt sich faul in der So███e.
Ihm gefa███en die heißen So███ertage.
Aber seine Besitzerin ja███ert:
„Bald ist die Regento███e leer.
Da███ werde ich die Gießka███e aus der Wa███erleitung
fü███en mü███en oder meine Pflanzen vertrocknen.
Ho███entlich wird das Trinkwa███er nicht kna███.‟

❶ Schreibe den Text ab und setze die Doppelkonsonanten richtig ein.

❷ Markiere den kurz gesprochenen Vokal oder Umlaut.

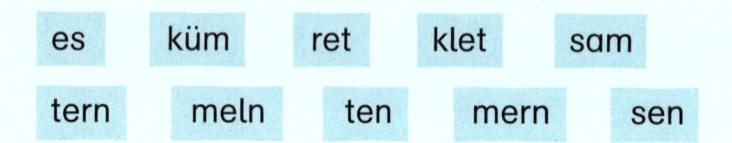

| es | küm | ret | klet | sam |
| tern | meln | ten | mern | sen |

❸ Setze die Silben zu Verben zusammen.

❹ Schreibe sie auf und kreise die Doppelkonsonanten ein.

❺ Bilde Sätze mit den Verben.

Futur

Es gibt keinen Walfang mehr.

Die Menschen verschmutzen unsere Meere nicht.

Die Ozeane erwärmen sich nicht weiter.

Wir ziehen unsere Jungen ungestört auf.

Alle Wale finden ausreichend Nahrung.

❻ Formuliere die Hoffnungen der Wale für die Zukunft im Futur.
Schreibe so: *Wir werden* …

❼ Unterstreiche werden oder wird und das Verb in der Grundform.

Imperativ

> Regeln für das Verhalten im Wald:
>
> Die Besucher des Waldes sollen
> - kein Feuer machen.
> - niemals unbekannte Beeren oder Pilze essen.
> - die Tiere nicht durch Lärm stören.
> - den Müll wieder entsorgen.
> - keine Blumen zertrampeln.

Lasst mich schlafen!

❶ Formuliere die Regeln im Imperativ.
   Schreibe so: *Macht kein Feuer!*

❷ Unterstreiche jeweils das Verb im Imperativ.

Zusammengesetzte Wörter

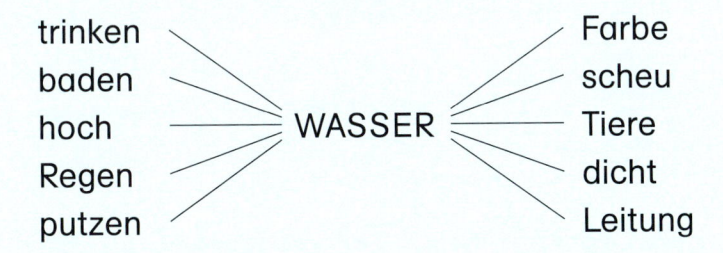

trinken		Farbe
baden		scheu
hoch	WASSER	Tiere
Regen		dicht
putzen		Leitung

Zwei Wörter sind Adjektive.

❸ Bilde zusammengesetzte Wörter.
   Schreibe so: *trinken, das Wasser: das Trinkwasser, …*

Wörter mit ai

Hai Käfer Reich Flosse Baum
   Kaiser
Mai Fisch Regen Krone Fütterung

❺ Bilde zusammengesetzte Nomen mit den Grundwörtern Kaiser ,
   Hai und Mai . Schreibe so: *der Hai, die Flosse: die Haiflosse …*

❻ Unterstreiche ai .

Verben mit Vorsilben

ver-   sorgen   brauchen   ziehen

vor-   stellen   wenden   laufen

Bei einem Wort passt nur eine Vorsilbe.

❶ Bilde sinnvolle Verben mit den Vorsilben ver- und vor- .

❷ Setze die Verben nun sinnvoll in die Sätze ein.

In Zukunft wollen wir weniger Wasser ▨▨▨▨ .

In dem Referat wollen die Kinder ein Tier genauer ▨▨▨▨ .

Wir sollten nur Hefte aus Altpapier ▨▨▨▨ .

In einer fremden Stadt kann man sich schnell ▨▨▨▨ .

Hoffentlich werden sich die Wolken bald ▨▨▨▨ .

Der Schauspieler kann seine Stimme ▨▨▨▨ .

❸ Bilde eigene Sätze zu den Verben mit den Vorsilben ver- und vor- .

Unser Wasser

Ein Leben ohne sauberes Wasser können wir uns nicht mehr
vorstellen. Wir werden ständig mit Trinkwasser versorgt.
Wasser ist kostbar und die Aufbereitung von Trinkwasser teuer.
Deshalb sollten wir verantwortungsvoll mit Wasser umgehen
und weniger verbrauchen. So können wir zum Beispiel die Dusche
öfter der Badewanne vorziehen und im Garten Regenwasser
für die Pflanzen verwenden.

❹ Übe den Text als Diktat.

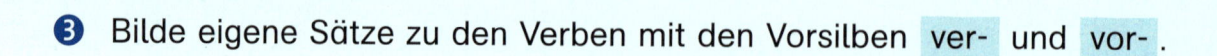

versorgen   verbrauchen   verwenden   vorziehen   vorstellen

Tiere in der Arktis und der Antarktis  S. 99

❶ Lies die Sätze durch und ordne sie
dem Eisbären oder dem Pinguin zu.

Das Tier lebt in der Arktis. *(Eisbär/Pinguin)*

Das Tier lebt in der Antarktis. *(Eisbär/Pinguin)*

Es ernährt sich von Robben und Fischen. *(Eisbär/Pinguin)*

Das Tier kann nicht fliegen. *(Eisbär/Pinguin)*

Das Tier legt Eier. *(Eisbär/Pinguin)*

Das Tier bringt meist Zwillinge zu Welt. *(Eisbär/Pinguin)*

Ein Satz passt zu beiden Tieren.

❷ Schreibe die Sätze ab und ergänze in Klammern
das entsprechende Tier.

Kater Zorbas und das Ei S. 101–104

❸ Suche die Wörter in den entsprechenden Zeilen.
Schreibe sie hintereinander auf.
Sie ergeben einen Lösungssatz.

Zeile 1   /   1. Wort
Zeile 12 /   letztes Wort
Zeile 20 /   letztes Wort
Zeile 32 /   6. Wort
Zeile 44 / 13. Wort
Zeile 48 /   5. Wort
Zeile 64 /   4. Wort
Zeile 81 /   3. Wort

Kröte S. 107

❹ Suche im Gedicht die passenden Reimwörter.
Flöte – 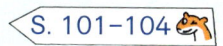   Holz –    Zelt –
Schreibe die Reimwortpaare auf.

Leben im Mittelalter

Städte im Mittelalter

Im Mittelalter waren die Städte von **Stadtmauern** umgeben. In den Mauern gab es Wachtürme und Stadttore. Die Wachposten beobachteten die Umgebung und warnten die Städter rechtzeitig bei Gefahren. Nachts wurden die Stadttore zum Schutz geschlossen.

Die meisten Städte lagen an wichtigen Flüssen und Straßen. Oft wurde der **Handel** auf dem Wasserweg abgewickelt, da er billiger und schneller war als der Landweg. Wer Waren durch die Stadt transportierte, musste Abgaben an die adligen Herren bezahlen.

Es gab sehr viel **Schmutz in den Städten**. Die Tiere liefen in den Gassen frei herum und die Hausbewohner leerten ihre Nachttöpfe auf die Straße. Auch der Müll der Handwerker landete dort, denn sie erledigten ihre Arbeit auf der Straße.

Das **tägliche Leben** spielte sich tagsüber zum größten Teil draußen ab. Aber wenn es abends dunkel wurde, gingen die Menschen in ihre Häuser, denn es gab keine Straßenbeleuchtung. Im Haus wurden Kerzen aus Fett aufgestellt, die sehr stark rußten und stanken.

> *Achte auf die Reihenfolge!*

❶ Lies den Text sorgfältig.

❷ Schreibe zu jedem Abschnitt eine Zwischenüberschrift auf eine eigene Karteikarte und ergänze entsprechende Stichwörter.

❸ Erzähle mit Hilfe der Stichwortkarten, was du im Text erfahren hast.

 S. 126/127

Besuch in einem Dorf

Ludger lebt auf einem kleinen Hof in einem Dorf. Das Häuschen besteht aus Lehmwänden, einem Strohdach und nur einem Wohnraum mit einer Feuerstelle. Die ganze Familie schläft in diesem Raum auf geflochtenen Matten auf der Erde. Die übrigen Häuser stehen in einem vorgeschriebenen Abstand voneinander entfernt. So will man verhindern, dass ein Feuer auf weitere Häuser übergreifen kann. Alle Häuser des Dorfes stehen auf einem kleinen Stück Land, das der Grundherr den Bauern gegen eine Pacht 📖 zur Verfügung stellt.

Die meisten Bewohner des Dorfes sind arme Bauern. Sie leben von dem, was sie anbauen. Ludgers Familie ist stolz darauf eine Kuh, drei Schafe, zwei Ziegen und einige Hühner zu besitzen. So können sie Milch, Eier, Butter und Käse gegen Stoffe, Werkzeuge, Töpfe und vieles mehr eintauschen. Im August begleitet Ludger seinen Vater in die Stadt. Dort verkaufen sie Äpfel, Birnen und Weintrauben. Im November muss jeder Dorfbewohner seine Abgaben an den Grundherrn leisten. Ludgers Vater bezahlt mit zwei Hühnern, 45 Eiern, drei Körben Äpfel und einem Fass Butter.

❶ Was erfährst du über das Leben auf dem Land?

❷ Erkundige dich, ob heute noch Menschen Pacht bezahlen.

❸ Lege Stichwortkarten an. Erzähle den Text nach.

❹ Schreibe alle Sätze mit Aufzählungen aus dem zweiten Abschnitt heraus. Markiere die Kommas.

❺ Setze den ersten Abschnitt ins Präteritum: *Ludger lebte auf …*

Eine Bildergeschichte

1 Lies die Texte und schau dir die Bilder dazu an.

Hoffentlich können wir das gesamte Obst verkaufen. Wir müssen die Pacht bezahlen.

Toll, endlich Herbst! Auf dem Markt gibt es bestimmt einen Tanzbären zu sehen.

Nun wird es dunkel. Wir haben noch so viele Äpfel übrig.

In der Dämmerung ist es auf dem Markt noch spannender.

Endlich sind alle Körbe leer. Nun müssen wir noch den gefährlichen Heimweg schaffen.

Der Heimweg wird lustig. Da darf ich immer auf dem Holzkarren sitzen.

Schön, dass mein Bruder Lukas uns abholt. Ich kann ihn schon aus der Ferne erkennen.

Bestimmt ist der Schatten in der Ferne ein Dieb. Mir ist jetzt ganz schön mulmig.

2 Welche beiden Personen handeln in der Geschichte?

3 Ordne die Aussagen der beiden Figuren den Bildern zu. Was fällt dir auf?

4 Beschreibe die Gefühle von Vater und Sohn.
Diese Wörter können dir helfen:

ängstlich   neugierig   besorgt   fröhlich   gespannt

erfreut   traurig   aufgeregt   gut gelaunt   unglücklich

5 Erzähle nun die Geschichte aus der Sicht des Vaters oder des Sohnes.

**Schreibtipps für eine Bildergeschichte
aus der Sichtweise einer anderen Person**

1. Versetze dich in die Rolle einer Figur.
   Versuche die Gefühle dieser Person nachzuempfinden.
2. Schreibe in der ich-Form und behalte sie in der Geschichte bei.
3. Verwende die wörtliche Rede.
4. Erzähle mit vielen Einzelheiten zu jedem Bild.
5. Halte die Reihenfolge der Bilder ein.
6. Bleibe in einer Erzählzeit.
7. Suche eine passende Überschrift.

6 Schreibe die Bildergeschichte aus der Sicht des Vaters oder
des Sohnes auf.

7 Lest euch die Geschichten vor. Hat jeder die Schreibtipps beachtet?

Einige unserer Spiele **spielten** die Kinder schon im Mittelalter.
Sie **liefen** auf Stelzen, **drehten** Kreisel mit einer Peitsche und
benutzten Säckchen mit Erbsen, um Plumpsack zu spielen.
Sie **nahmen** kleine Steine zu Spielen, zu denen wir heute Murmeln
verwenden. Außerdem liebten sie Abzählreime und Fangspiele.

Präsens	Präteritum	Perfekt
sie …	sie spielten	sie haben …

8 Ordne die dick gedruckten Verben in die Tabelle ein.

9 Bilde die fehlenden Zeitformen.

Handwerk im Mittelalter

Um sich gegenseitig zu unterstützen, schlossen sich die gleichen Handwerker zu einer Zunft zusammen. Zunft kommt von dem mittelalterlichen Wort „zumpft". Das bedeutet „Regel". Die Handwerker beschlossen gemeinsame Vorschriften, nach denen sich alle in der Zunft richten mussten. An den Bildern auf dem Zunftwappen konnte man erkennen, zu welcher Zunft der Handwerker gehörte. So hatte der Schneider zum Beispiel Schere und Nadel in seinem Zunftschild über der Eingangstür.

❶ Erkläre das Wort Zunft mit eigenen Worten.

Korbmacher	Sie verkauften ihren Kram. Sie flochten Körbe aus Weiden.	Nadler
Krämer	Sie stellten Nadeln her. Sie färbten Stoffe ein.	Böttcher
Weber	Sie webten Tücher. Sie stellten Bottiche, also Fässer, her.	Färber

❷ Beschreibe diese mittelalterlichen Berufe.
Schreibe so: *Korbmacher waren Handwerker, die …*

Die Handwerker durften in der Stadt nur dort wohnen, wo die Ratsherren es erlaubten. So lebten meistens alle Handwerker mit dem gleichen Handwerk in einer Straße. Danach wurde dann auch die Straße benannt. Alle Tuchmacher wohnten in der Tuchmacherstraße.

❸ Erkläre, wie es zu diesen Straßennamen kam.

❹ Kennst du Straßen in deiner Stadt, die auf eine Entstehung im Mittelalter hinweisen? Nimm einen Stadtplan zu Hilfe.

 S. 128/129

AH S. 51

Kleidung im Mittelalter

Im Mittelalter sollte man an der Kleidung erkennen,
welcher Gruppe man in der Gesellschaft angehörte.
Diese Gruppen nannte man Stände. Im Gesetz hieß es:

> Es ist bei Strafe verboten, sich besser zu kleiden,
> als es seinem Stand entspricht.

❶ Erkläre, warum es früher eine Kleiderordnung gab.

Die Bauern hatten einfache Kleidung. Sie musste
zum Arbeiten auf dem Feld taugen. Deshalb trugen
sie Hosen und Hemden aus groben Stoffen.
Die Frauen trugen aus dem gleichen Stoff lange
einfarbige Kleider. Verheiratete Frauen setzten
eine Haube auf. **Unterwäsche** kannte man noch nicht.

Die Kleidung der Reichen war vom Schnitt her
ähnlich. Aber sie bestand aus feinen Stoffen und
war bunt gefärbt. Borten und Spitzen verzierten
die Kleider. Die Frauen bedeckten **ihren Kopf** gerne
mit einem Schleier. Die mit Pelzen gefütterten Mäntel
gaben **den reichen Männern** ein herrschaftliches
Aussehen. Sie trugen auch gerne **Lederschuhe**
mit langen Spitzen. **Den Männern** gefielen sie,
weil sie ihre Füße größer aussehen ließen.

❷ Erkläre die Entstehung und heutige Bedeutung der Redensarten
Unter die Haube kommen und Auf großem Fuße leben .

❸ Erfrage die dick gedruckten Wörter.
Ordne sie nach Nominativ, Dativ und Akkusativ.

 S. 130/131

Waschen und Sauberkeit

Schon damals war Wasser für eine Stadt sehr wichtig. Man brauchte es zum Trinken und Kochen, zum Waschen und Feuerlöschen. Viele Handwerker benötigten es für ihre Arbeit. Im Mittelalter gab es jedoch nur wenige Wasserleitungen. Deshalb stand in der Mitte des Marktplatzes oft ein Brunnen.

Früher gab es noch keine Badezimmer. Die Handwerksburschen bekamen von ihren Meistern Geld, um am Samstag in einem der Badehäuser ein Bad zu nehmen. Familien badeten in großen Holzbottichen. Seife wurde von den Seifensiedern 📖 hergestellt. Weil Wasser knapp und Seife teuer waren, wurde in den Haushalten der Reihe nach gebadet. Der Erste hatte das saubere und warme Wasser, der Letzte nur noch kaltes, schmutziges Wasser. Daher stammt die Redensart: „Jemand muss etwas ausbaden."

❶ Wie hat man früher gebadet? Erzähle.

❷ Erkläre die Entstehung und heutige Bedeutung der Redensart Etwas ausbaden .

Ich bin der Erste!

❸ Wie geht ihr heute mit Wasser um?

❹ Schreibe alle Adjektive aus dem Text untereinander und bilde die Vergleichsformen daneben.

Gerber – Felle sauber abspülen	Fuhrleute – Pferde tränken
Schmiede – Eisen kühlen	Weber – Stoffe einweichen, reinigen

❺ Schreibe auf, wozu die Handwerker Wasser brauchten:
Die Gerber brauchten das Wasser, um die Felle …

122

AH S. 53/54

Essen im Mittelalter

- Ernährung abhängig von den Ernten
- Brunnen zum Wasserholen
- Brot aus Roggen und Hafer
- Häufig Hunger und bittere Armut
- Viel Gemüse, aber keine Kartoffeln
- Wenig Geschirr
- Je zwei Leute teilten sich einen Becher
- Fleisch nur an Feiertagen
- Reiche aßen täglich Fleisch

❶ Schreibe anhand dieser Stichwörter einen Text.

❷ Schreibe alle Wörter mit Doppelkonsonanten auf.
Markiere den kurz gesprochenen Vokal.

❸ Warum wurden keine Kartoffeln gegessen?
Informiere dich im Lexikon oder im Internet.

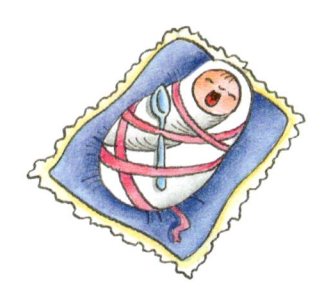

Löffel waren so wertvoll, dass man sie einem
Neugeborenen als Patengeschenk gab.
Dieser Löffel begleitete den Menschen dann
sein Leben lang, bis er starb. Daher stammt
die Redensart Den Löffel abgeben .

Damals gab es in jedem Haus einen kleinen
Napf mit Fett, der neben dem Ofen stand und
zum Schuheputzen verwendet wurde. Wenn man
da hineintrat und den Fußboden beschmutzte,
gab es Ärger. Daher stammt die Redensart
 Ins Fettnäpfchen treten .

④ Ihr könnt weitere Redensarten sammeln.
Versucht, ihre Bedeutung zu erklären.

Ansgar von Tannenfels

Ansgar hatte Glück. Er durfte Ritter werden, denn sein Vater, Herr von Tannenfels, war auch Ritter. Die Ausbildung dazu dauerte jedoch viele Jahre. Im Alter von sieben Jahren schickte man ihn zum Herrn von Löwenfels. Er wohnte auf einer weit entfernten Burg. Dort lernte Ansgar als Page höfliches Benehmen, Reiten, Fechten und Lanzenstechen. Aber er musste auch in den Ställen und in der Küche helfen. Das gefiel ihm nicht so gut. Als er vierzehn Jahre alt war, wurde er Knappe. Herr von Löwenfels sagte zu ihm: „Nun darfst du mich zu den Turnieren begleiten." Ansgar durfte die Waffen seines Herrn tragen, dessen Pferd versorgen und ihm in die schwere Rüstung helfen. Wie freute er sich darauf, selbst einmal das Leben eines Ritters zu führen! Noch aber musste er das Schwimmen, Reiten und Jagen trainieren. Mit 20 Jahren kehrte Ansgar zur Burg Tannenfels zurück. Er hatte sich als Knappe gut bewährt und wurde während eines Burgfestes zum Ritter geschlagen. Nun durfte er selbst kämpfen, an der Jagd und an Turnieren teilnehmen.

❶ Notiere dir Stichwörter zum Text.

❷ Erzähle nun den Text nach.

Schreibtipps für eine Nacherzählung

1. Benenne in der Einleitung, von wem du erzählen willst.
2. Erwähne nur das Wichtigste, lass aber keine wichtigen Informationen weg.
3. Halte die Reihenfolge der Geschehnisse ein.
4. Erfinde keine zusätzlichen Einzelheiten oder Begebenheiten.
5. Verwende wörtliche Rede.
6. Halte die Erzählzeit (Präteritum) ein.

---

❸ Schreibe die Nacherzählung auf.

❹ Überprüfe deine Nacherzählung mit den Schreibtipps.

🐪 S. 132/133 >

AH S. 55

Matilde von Tannenfels

Matilde wurde als Tochter des Herrn von Tannenfels geboren. Ihre beste Freundin hieß Frieda. Sie war die Tochter der Köchin. Die beiden fanden jedoch nicht viel Zeit zum gemeinsamen Spiel. Frieda musste schon sehr früh aufstehen, um ihrer Mutter in der Küche zu helfen. Danach ging sie den Mägden des Hofes zur Hand. Im Gegensatz zu Frieda lernte Matilde das Schreiben und Lesen. Jeden Tag kam ein Priester zu ihr, um sie zu unterrichten. Sie lernte auch, wie man einen Haushalt führt, wie und was man einkauft und wie man Kinder erzieht. Außerdem musste sie sich mit Heilkräutern auskennen. So wurde sie auf ihre Aufgabe als Burgherrin vorbereitet.

❶ Vergleiche das Leben der beiden Mädchen.
Schreibe die Unterschiede heraus.

❷ Hättest du gerne auf einer Burg gelebt? Begründe deine Meinung.

Tischsitten

Bei einem Festmahl ging es damals ganz anders zu, als wir das heute kennen. Mehrere Personen aßen aus einer Schüssel mit einem Holzlöffel. Da das Benehmen bei Tisch oft sehr schlecht war, wurden später besondere Regeln aufgestellt:

> o Sauf nicht aus der Schüssel.
> o Schnäuz dich nicht in das Tischtuch.
> o Kratz dich nicht mit der Hand, sondern nimm dein Gewand.
> o Pul nicht in Augen, Ohren und Nase, wenn du isst.
> o Leg dich nicht auf den Tisch zum Essen.

❸ Inwieweit sind diese Tischregeln heute noch gültig?

 S. 134/135

Till Eulenspiegel in Magdeburg

Till Eulenspiegel kam nach Magdeburg, wo viele Menschen wohnten, die sich selbst für besonders klug und gelehrt hielten. Die glaubten natürlich nicht, dass jemand sie übertölpeln könne. Zu Till Eulenspiegel sagten sie: „Versuch's doch!"

5 Da plante Till für diese großstädtischen, eingebildeten Hochnäsigen sein Narrengesellenstück zu liefern. Überall verkündete er, dass er nicht nur Laute schlagen und Seiltanzen geübt habe (diese Künste hatten die Magdeburger schon von Till bewundern dürfen), sondern dass er fliegen könne wie ein Vogel. Er habe das lange und heimlich geübt, aber den Magdebur-
10 gern wolle er sein Können vorführen. An einem bestimmten Mittwochnachmittag wolle er auf das Magdeburger Rathaus steigen und vom Erker abheben, drei Runden über der Stadt drehen, dazu zwitschern wie ein Zeisig, nur viel lauter, damit ihn jeder Bürger hören könne.

Diese Ankündigung war natürlich Stadtgespräch, und alle Naseweise,
15 Siebengescheiten und Neunmalklugen disputierten 📖 und diskutierten.

„Kann Till fliegen oder nicht?" Das war die große Frage. Und wenn er's kann, hält er drei Runden durch oder platscht er vorher auf das Pflaster? Und so war an dem gewissen Mittwochnachmittag der Platz vor dem Rathaus voll mit Magdeburger Bürgern, die neugierig zusahen, wie Till das

20 Rathaus betrat, die ihn dann hoch oben im Erkerfenster auftauchen sahen. Da stand Till auf der Brüstung in seinem komischen Gewand, schüttelte Arme und Beine aus, machte einige Kniebeugen, breitete die Arme weit aus, bewegte sie auf und nieder, nickte mit dem Kopf, wippte auf den Fußspitzen, kasperte und alberte so eine Weile herum.

25 Die Menge klatschte und pfiff, johlte und buhte, juchzte und stöhnte, schrie schließlich im Chor. „Flieg, Till, flieg! Flieg, Till, flieg! Flieg, Till ..." Till streckte die Handflächen den Leuten entgegen, gebot Schweigen. Nun rief er laut und deutlich:

„Freunde! Kollegen! Ich danke euch, dass ihr gekommen seid. Da fühle ich

30 mich nicht so einsam als Narr. Oft dachte ich, ich wäre der einzige Narr auf der Welt. Jetzt weiß ich, dass diese Stadt von Tor zu Tor voller Toren 📖 steckt, deren Verrücktheit weit umfassender ist als meine. Hätte mir einer von euch gesagt, er könne fliegen, ich hätte es nicht geglaubt, wäre keinen Schritt gelaufen, um ihn zu sehen. Ihr aber seid hier wegen mir: Ihr traut

35 mir zu, dass ich fliege. Der Mensch ist aber kein Vogel, er hat höchstens einen. Und jetzt, verzeiht mir, mache ich die Fliege." Laut lachte Till, verbeugte sich, drehte sich um, verbeugte sich noch einmal, zeigte dabei den Gaffern seinen Hintern, sprang dann ins Innere des Rathauses, verschwand aus dem Erkerfenster und schließlich schleunigst

40 durch eine Hintertür aus dem Gebäude.

Karlhans Frank

- Was wollte Till Eulenspiegel mit dieser Aktion beweisen?

- Schreibe auf, wo und wann die Handlung stattfindet und welche Personen an ihr beteiligt sind.

- Teile den Text in Einleitung, Hauptteil und Schluss ein. Notiere jeweils die Zeilennummer und den ersten Satz. Vergleicht und begründet eure Einteilung.

Ein Krebs kommt vor Gericht S. 141

Eines Tages geriet ein Krebs nach Schilda.
Niemand hätte sagen können, woher er kam,
und keiner wusste, was er bei den Schildbür-
gern wollte. Und da sie noch nie in ihrem
5 Leben einen Krebs gesehen hatten, bemäch-
tigte sich ihrer eine beträchtliche Aufregung.
Sie läuteten mit der neuen Kirchenglocke
Sturm, stürzten zu der Stelle, wo der Krebs
herumkroch, und wussten nicht, was tun.
10 Sie rieten und rätselten hin und her und
hätten gar zu gern gewusst, wen sie vor sich
hatten. „Vielleicht ist es ein Schneider",
sagte der Bürgermeister, „denn wozu hätte
er sonst zwei Scheren?"

15 Schon holte einer ein Stück Tuch, setzte den Krebs darauf und rief: „Wenn
du ein Schneider bist, dann schneide mir eine Jacke zu! Mit weiten Ärmeln
und einem Halskoller 📖!"
Weil das Tier zwar auf dem Tuch vorwärts und rückwärts einherspazierte,
aber den Stoff nicht zuschnitt, nahm der Schneidermeister von Schilda seine
20 eigene große Schere und schnitt das Tuch genauso zu, wie der Krebs dahin-

Aua

kroch. Nach zehn Minuten schon war der
Stoff völlig zerschnitten. Von einer Jacke
mit weiten Ärmeln und einem Halskoller
konnte keine Rede sein.
25 „Mein schönes, teures Tuch!", rief der
Schildbürger. „Der Kerl hat uns angeführt!
Er ist gar kein Schneider! Ich verklag ihn
wegen Sachbeschädigung!" Dann griff er
nach dem Krebs und wollte ihn beiseite
30 tun. Doch der Krebs zwickte und kniff
ihn mit seinen Scheren so kräftig, dass der
Mann vor Schmerz aufbrüllte. „Mörder!",
schrie er. „Mörder! Hilfe!"

Nun wurde es dem Bürgermeister zu bunt. „Erst ruiniert er das teure
35 Tuch", sagte er, „und nun trachtet er einem unserer Mitbürger nach dem
Leben – das kann ich als Stadtoberhaupt nicht dulden! Morgen machen
wir ihm den Prozess!"
So geschah es auch. Der Krebs wurde in einer förmlichen Sitzung vom
Richter der mutwilligen Sachbeschädigung und des versuchten Mordes
40 angeklagt.
Augenzeugen berichteten unter Eid, was sich am Vortage zugetragen
hatte. Der amtlich bestellte Verteidiger konnte kein entlastendes Material
beibringen. So zog sich der hohe Gerichtshof zur Urteilsfindung kurz
zurück und verkündete anschließend folgenden harten, aber gerechten
45 Spruch:
„Der Delinquent 📖 gilt in beiden Punkten der Anklage als überführt.
Mildernde Umstände kommen umso weniger in Betracht, als der Angeklagte
nicht ortsansässig ist und die ihm gewährte Gastfreundschaft übel vergolten
hat. Er wird zum Tod verurteilt. Der Gerichtsdiener wird ihn ersäufen.

50 Das Urteil gilt unwiderruflich. Die Kosten
des Verfahrens trägt die städtische Sparkasse."
Noch am Nachmittag trug der Gerichtsdiener den Krebs in einem Korb zum Meer
hinunter und warf ihn in weitem Bogen ins
55 Wasser. Ganz Schilda nahm an der Exekution 📖 teil. Den Frauen standen die Tränen
in den Augen. „Es hilft nichts", sagte der
Bürgermeister. „Strafe muss sein." Der Pas-
tor war übrigens nicht mitgekommen. Weil
60 er nicht wusste, ob der Krebs katholisch war
oder evangelisch.

Erich Kästner

● Worin liegt der Witz der Geschichte? Begründe.

● Wann erreicht der Schwank 📖 seinen Höhepunkt?
Begründe deine Einschätzung.

● Erzähle die Geschichte aus der Sicht des Krebses.

Elisabeth von Thüringen

Elisabeth von Thüringen wurde im Jahr 1207 als ungarische Königstochter geboren. Wie es damals in Adelsfamilien üblich war, wurde sie bereits als Kleinkind dem Sohn einer anderen Familie als zukünftige Ehefrau versprochen. So kam sie mit vier Jahren an den Hof ihres späteren Ehemannes auf die Wartburg, um dort erzogen zu werden.

Als sie mit 14 Jahren Landgraf Ludwig von Thüringen heiratete, hatte sie sich bereits zu einem sehr willensstarken, aber auch besonders frommen Mädchen entwickelt. Sie lehnte den Prunk des Hofes ab, kleidete sich einfach und verstand sich als Dienerin Gottes.

Ihre Verpflichtung sah sie darin, Armen und Kranken zu helfen, deren Not zu lindern. Das geschah nicht nur durch Spenden, sondern sie half durch persönlichen Einsatz in Kranken- und Armenhäusern. Als sie 19 Jahre alt war, errichtete sie mit Ludwig am Fuße der Wartburg ein Spital, in dem besonders schwer Erkrankte behandelt werden konnten.

Nachdem ihr Mann sehr früh verstorben war, ließ sie sich von dem Priester Konrad von Marburg beraten. Sie verkaufte Schmuck, Gewänder und kostbare Gegenstände des Hauses, um den Erlös den Armen zu geben. Die letzten drei Jahre ihres Lebens verbrachte sie als ärmliche Spital-schwester in Marburg.

Elisabeth starb im Jahr 1231 im Alter von 24 Jahren.

Schon zu ihren Lebzeiten wurden in der Bevölkerung viele Geschichten und Legenden 📖 über sie erzählt, die alle die besondere Frömmigkeit und Nähe zu Gott ausdrückten. Im Jahr 1235 wurde sie durch die katholische Kirche heilig gesprochen. Heute tragen viele Kirchen ihren Namen.

Die Legende vom Rosenwunder

Im Laufe der Jahre sind viele Erzählungen um Elisabeth von Thüringen entstanden. Alle berichten über ihr frommes Leben und über viele wundersame Dinge, die in ihrer Umgebung geschehen sein sollen.

Die bekannteste Legende ist die vom „Rosenwunder":

Die Zeit Elisabeths war für große Teile der Bevölkerung besonders hart und die Gruppe der Armen wuchs immer mehr. Elisabeth versuchte zu helfen, wo sie konnte.
So ging sie eines Tages wieder mit einem Korb voller Speisen und anderer Spenden an einen Ort, an dem besonders viele Notleidende, Lahme und Blinde zu finden waren. Da kam ihr Ehemann Ludwig entgegen. Bisher hatte er sie meistens in ihrem Tun unterstützt. Weil ihn aber seine Familie auf der Wartburg unter Druck setzte, die Freigebigkeit seiner Frau einzuschränken, machte er diesmal kein besonders freundliches Gesicht. So trat er zu ihr und sagte: „Was trägst du da?"
Elisabeth erkannte den Unwillen auch an seiner Sprache und antwortete unsicher: „Herr, es sind Rosen!"
„Zeigt her", rief der Landgraf und zog das Tuch vom Korb herunter. Da staunten alle nicht schlecht, denn der ganze Korb war voller Rosen und anderer blühender Blumen.
Wenn seit dieser Zeit jemand etwas gegen Elisabeths fromme Spenden sagen wollte, entgegnete ihnen Ludwig: „Lasst sie nur geben, solange sie nicht die Wartburg verschenkt!"

Ritter Rost

Melodie: Janosa, Felix
Text: Janosa, Felix / Hilbert, Jörg
© Terzio Möllers & Bellinghausen GmbH, München

1. Mein Va-ter hat mich her-ge-stellt. (Flöte _ _ _ _) Aus dem schöns-ten Schrott der Welt. (Flöte _ _ _ _) Statt Co-la o-der Do-sen-bier (Flöte _ _ _ _) trin-ke ich Ma-schi-nen-schmier. (Flöte _ _ _ _) ♩ Tap-fer wie die Feu-er-wehr und pünkt-lich wie die Post, ja, so bin ich, der Rit-ter Rost. Ich muss die Welt be-wa-chen vor Mons-tern und vor Dra-chen, kei-ner kann so kra-chen wie der Rit-ter Rost.

2. Potz Wellenblech und Stacheldraht,
   ich räche jede Missetat!
   Ist Land in Not, ist Not am Mann,
   presch' ich mit der Lanze an.
   Die Bösewichte fürchten mich in Süd und West und Ost,
   ja, so bin ich, der Ritter Rost.
   Ich haue auf die Schädel und küsse hübsche Mädel,
   keiner ist so edel wie der Ritter Rost.

3. Und wenn ich mal nicht kämpfen kann,
   fang ich gleich zu rosten an.
   Ich kenne weder Angst noch Schmerz,
   denn ich hab' ein Eisenherz.
   Ich komm auf meinem Feuerstuhl bei Hagel, Sturm und Frost,
   ja, so bin ich, der Ritter Rost.
   Nein, keiner ist so lustig und keiner ist so rüstig,
   keiner ist rostig wie der Ritter Rost.

Die Sage 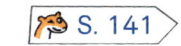 von Gräfin Emma von Lesum S. 141

Gräfin Emma von Lesum war eine fromme und wohltätige
Frau. Einst war Herzog Benno, der Bruder ihres verstor-
benen Mannes, bei ihr zu Besuch. Am frühen Morgen ritten
sie mit einem großen Gefolge bei der Stadt Bremen vorüber,
5 um die Ländereien der Gräfin zu besichtigen.
Da näherten sich einige Vertreter der Bürgerschaft und klagten über den Mangel an Weideland für ihr Vieh.
Die Gräfin versprach, ihnen so viel Weideland zu geben,
wie ein Mann in einer Stunde umgehen könne.
10 Der Herzog aber bekam Angst, dass die Gräfin zu viel von dem Besitz verschenken
könnte, den er nach ihrem Tode erben würde. „Da könnt Ihr ja gleich die Frist
auf einen ganzen Tag ausdehnen", sagte er zornig. Die Gräfin erwiderte sanft:
„Der Herr hat mich reich gesegnet an irdischen Gütern! Euer Wort mag gelten."
Da kam dem Herzog ein listiger Gedanke, und er sprach: „Überlasst es mir, den
15 Mann auszuwählen, der sogleich seinen Weg antreten möge."
Er ritt die Straße zurück zu einem Bettler, an dem sie soeben vorbeigekommen
waren. Der Mann war ein armer Krüppel, der sich kaum ohne fremde Hilfe
bewegen konnte. Die Gräfin aber legte ihm ihre Hand aufs Haupt und sagte:
„Versuch's doch nur!"
20 Der Krüppel setzte sich in Bewegung. Gehen konnte er nicht, er kroch also auf
den Händen. Diener der Gräfin folgten ihm und schlugen alle hundert Schritt auf
seiner Bahn einen Pfahl ein. Die meisten Bürger gingen missmutig nach Hause.
Der Krüppel aber kroch und kroch immer gleichmäßig weiter, ohne Rast und
Ruhe.
25 Als die Bremer gegen Mittag wieder hinausgingen, waren sie sehr erstaunt.
Soweit das Auge reichte, erblickten sie die hellen Pfähle in einem ungeheuren
Bogen. Als die Sonne sank, kam der Krüppel bei der Stadt an. Es war eine Weide
eingezäunt, viel größer, als die Bürger je gehofft hatten.
So gewannen die Bremer im Jahre 1032 die Bürgerweide. Den Krüppel aber
30 haben sie zeitlebens in Ehren gehalten. Sein Bildnis sieht man zwischen den
Füßen des Roland in Stein gehauen.

nach Friedrich Wagenfeld

● Schreibe eine Nacherzählung zu der Sage.
Beachte die Schreibtipps der Seite 124.

Robin und die wilden Ritter

Robin hieß eigentlich Berend van Hackfort und lebte von 1480 bis 1544.
Er war ein berühmter Ritter.
Martine Letterie beschreibt wie Robin als Kind mit seiner Schwester
Mechthild, seinem Bruder Hendrik, der schon Knappe ist, und seinem
Hund Brauni gelebt haben könnte. Nach einem Turnier kommt Robin
zu spät in den Festsaal ...

Robin schaut sich um. Wohin soll er sich setzen? Dort sitzt Hendrik an
einem Tisch mit allen anderen Schildknappen 📖. Der winkt ihm.
Er klopft neben sich auf die Holzbank. „Hier ist Platz!"
Robins Herz macht einen Satz. Da darf er sitzen? Das lässt er sich nicht
5 zweimal sagen. Er rutscht neben seinen Bruder.
Und Brauni sucht sich ein Plätzchen zu seinen Füßen.
Gerrit hat die Teller ausgeteilt.
„Ich habe dir einen Teller aufgehoben."
Hendrik schiebt ihm das flache Brot zu. Und in diesem Moment wird
10 der erste Gang aufgetragen. Gebratene Fasane, Tauben, ein schön
dekorierter gebratener Schwan; Robin läuft das Wasser im Mund
zusammen. Dazu gibt es Torten aus Quitten und Äpfeln.
„Messer dabei?", fragt Hendrik. Robin nickt. Wer geht schon ohne Messer
zu Tisch! Gerrit stellt die Speisen auf die Tische.
15 Jetzt sind die Schildknappen an der Reihe. Die Jungen säbeln sich
blitzschnell große Stücke ab. Sie laden ihren Teller randvoll.
Robin kommt nicht gut dran. Aber Hendrik sorgt dafür,
dass er seinen Teil abkriegt.
Innerhalb kürzester Zeit füllt sich der Raum mit Essgeräuschen ...

20 Überall rennen Hunde durch den Saal. Robin lacht.
Brauni kämpft mit einem anderen Hund um einen Knochen.
„Hier, Brauni, es ist genug da!"
Robin gibt seinem Hund einen Fasanenknochen.
Noch bevor Robin alles aufgegessen hat, kommt bereits der nächste Gang.
25 Zwei Knechte tragen ein gebratenes Schwein herein.
Glänzend braun liegt es auf einer riesigen Schale.
„Ein Bauer hat es gestern gebracht", erzählt Robin seinem Bruder.
Hendrik lacht. „Dann ist es ja wunderbar frisch."
Gleich darauf folgen die Schüsseln mit *furmenty*, einer Art von süßem
30 Brei. Und dann die Schalen mit den prachtvoll hergerichteten Fischen und
wieder andere mit Torten. Hendrik reibt sich die Hände.
Was für ein Festmahl! Robin futtert, bis er nicht mehr kann. Mit roten
Ohren lauscht er den spannenden Geschichten der Schildknappen.
Nach dem dritten Gang räumen die Knechte die Teller ab. Die Reste
35 bekommen die Armen aus den Hütten. Ob sie wohl schon auf dem Platz
stehen und warten?
Die Tür geht auf. Ein Mann betritt den Saal. Robin kennt ihn nicht.
„Wer ist das?", fragt er Hendrik.
„Das ist Oskar, der mittlere Sohn des Bauern von Groot Zwaaftink.
40 Hast du nie von ihm gehört?" Hendrik wirft seinem kleinen Bruder einen
erstaunten Blick zu. Robin zuckt mit den Schultern.
„Man erzählt sich, dass er nicht auf dem Bauernhof arbeiten wollte.
Er lief von zu Hause weg. Jahrelang hörte niemand mehr etwas von ihm.
Jetzt ist er wieder zurück, aber nicht für immer. Er singt und erzählt
45 Geschichten. Damit verdient er sich seinen Lebensunterhalt.
Vater hat ihn für heute Abend eingeladen."
Der Troubadour 📖 geht bis zur Mitte des Saals …

- ● Vergleiche das Festmahl mit einem Essen bei einem heutigen Fest.

- ● Hättest du gern an einem solchen Rittermahl teilgenommen? Begründe deine Meinung.

AH S. 58

Wortstamm und Endung

| kämpfen | siegen | säen | kaufen | zählen |

❶ Schreibe die Verben untereinander auf.
Bilde die er-Form im Präsens daneben.

❷ Bilde die er-Form im Präteritum daneben.
Unterstreiche den Wortstamm.

Wortfamilien

| bewohnbar | wohnt | fahren | Fahrkarte |

| Wohnung | Einfahrt | gefahrvoll | wohnen |

| fährt | wohnlich | Wohnhaus | gefährlich |

Achte auf das Dehnungs-h.

❸ Schreibe die Wörter ab. Umrahme den Wortstamm.

❹ Ordne die Wörter den beiden Wortfamilien zu.

Imperativ

Maro möchte, ⟨ dass Timo ihm bei den Hausaufgaben hilft.
dass sein Freund mit ihm ins Kino geht.
dass er ihm aus den Ferein schreibt.

❺ Schreibe Maros Wünsche im Imperativ auf: *Hilf …*

Bestimmung der Zeit

Es gab schon Puppenspieler im Mittelalter.
Sie zogen im Sommer von Ort zu Ort.
Oft trugen sie das kleine Theater in einem Bauchladen.
Meistens führten sie ihre Stücke während der Marktzeit vor.

Ein Satz hat zwei Zeitangaben.

❻ Schreibe den Text ab. Unterstreiche die Zeitangaben.

Präsens und Futur

Ritter Karl wird seinem Burgfräulein ein Gedicht vortragen.
Ritter Martin singt ein Lied für sein Burgfräulein.
Es hört ihm glücklich zu.
Dann steigt das Burgfräulein auf sein Pferd.
Hoffentlich wird es ihn erhören.
Sonst wird er alleine in die Ferne reiten.
Es reitet mit dem Ritter davon.
Vielleicht wird er dort sein Glück finden.

❶ Schreibe den Text ab.

❷ Welche Sätze stehen im Präsens, welche im Futur?
Markiere sie mit zwei Farben.

❸ Schreibe die zusammen gehörenden Sätze
hintereinander auf.

Objekte richtig einsetzen

Der Sohn hilft ▨▨▨ auf dem Feld.

Er sieht ▨▨▨ schon von weitem.

der Vater

Lydia hört ▨▨▨ in der Küche.

Heute hilft sie ▨▨▨ beim Backen.

die Mutter

Der Vater beantwortet ▨▨▨ die Frage.

Die Mutter beobachtet ▨▨▨ beim Spiel.

das Kind

Die Lehrerin gibt ▨▨▨ einen Tipp.

Sie bittet ▨▨▨ um Ruhe.

die Schüler

❹ Setze die Nomen mit Artikel in der richtigen Form ein.

Eine Bildergeschichte

❶ Schreibe die Geschichte aus der Sicht des Diebes auf.
Überlege dir auch einen Schluss und eine Überschrift.

Präteritum

Auf dem Markt herrscht großes Gedränge. Ein Bauer treibt ein dickes
Schwein zu einem Haufen Stroh. Ein anderer hat Käfige mit Hühnern und
Gänsen auf seinem Wagen. Ein Töpfer baut blaue Krüge und Schüsseln
vor sich auf. Eine Frau verkauft Eier und Milch. Gaukler zeigen ihre Kunst-
stücke. Sogar ein Feuerschlucker ist da! Aber da sind auch die armen
Bettler. Sie sitzen am Rand. Schenkt ihnen jemand ein Stück Brot?

❷ Schreibe den Text ab. Unterstreiche alle Verben.

❸ Schreibe den Text im Präteritum auf.

Dativobjekte

Die glänzende Rüstung gehört dem Ritter.
Die Kinder sehen dem Gaukler zu.
Der Bauer bringt dem Müller das Korn.
Das Burgfräulein gibt dem Sieger einen Kuss.

❹ Schreibe den Text ab. Erfrage und unterstreiche die Dativobjekte.

Akkusativobjekte

Die Tochter des Burgherrn deckt den Tisch. Auf jeden Platz stellt sie ein Weinglas. In die Mitte legt sie Bretter mit großen Brotlaiben. Freundlich begrüßt sie die Ritter. Ein fremder Ritter trägt noch seine Rüstung. Ob er sie zum Essen ablegt?

❶ Schreibe den Text ab. Erfrage und unterstreiche die Akkusativobjekte.

Redensarten

❷ Übertrage die Tabelle in dein Heft.

Redensart	Bedeutung im Mittelalter	Bedeutung heute
... kommt unter die Haube.		
... lebt auf großem Fuß.		
... muss etwas ausbaden.		
... gibt den Löffel ab.		

... nach dem Tod wird sein Löffel weitergegeben.   ... heiratet.

... trägt eine Haube auf dem Kopf.   ... muss für etwas gerade stehen.

... leistet sich Lederschuhe mit Spitzen.   ... stirbt.

... musste als Letzter baden.   ... lebt verschwenderisch.

❸ Trage die Bedeutungen in deine Tabelle ein.

Ein Referat vorbereiten

❹ Übernimm die Überschriften der Seiten 120 bis 123 auf weitere Karteikarten. Ergänze Stichwörter zu den Themen.

⑤ Du kannst nun mit deiner Karteikartensammlung ein Referat zum Thema „Mittelalter" vorbereiten und halten.

Doppelkonsonanten

rettiR	eppanK	llatS	rrehgruB	effaW

❶ Schreibe die Nomen mit Artikel richtig untereinander auf.

❷ Schreibe sie nun im Plural mit Artikel daneben.

❸ Bilde mit jedem Nomen einen Satz.

kön-	schaf-	müs-	ken-	schwim-	kom-
-fen	-nen	-men	-sen	-nen	-men

❹ Setze die Silben zu Verben zusammen. Schreibe sie untereinander.

❺ Markiere den kurz gesprochenen Vokal.

❻ Bilde die du-Form im Präsens daneben.

Heute sehen wir uns einen Ritterfilm an.
Dazu fahren wir mit dem Bus in die Stadt.
Nach der Vorführung verpassen wir fast die Rückfahrt.
Aber wir schaffen es gerade noch.

❼ Schreibe die Sätze ab und unterstreiche die Verben.

❽ Setze nun die Sätze ins Präteritum: *Gestern …*

Ritter

Nur Söhne von Rittern durften Ritter werden. Dazu schickte
man sie zu einem anderen Burgherren. Dort lernten sie reiten
und fechten. Sie wurden Knappen und begleiteten die Ritter
zu den Turnieren. Sie übten den Umgang mit Waffen, lernten
zu schwimmen und zu kämpfen. Schafften sie dann die Prüfung,
wurden sie bei einem großen Fest zum Ritter geschlagen.

❾ Übe den Text als Diktat.

Burgherr   Knappe   Ritter   müssen – mussten   schaffen

Ein Krebs kommt vor Gericht  S. 128/129

❶ Schreibe die Fragen ab und beantworte sie in Sätzen.

a. Woher haben die „Schildbürger" ihren Namen?

b. Weshalb glaubte der Bürgermeister,
   dass er einen Schneider vor sich habe?

c. Was machte der Schneidermeister,
   als der Krebs über das Tuch spazierte?

d. Wie wehrte sich der Krebs,
   als der Schildbürger ihn greifen wollte?

e. Wegen welcher Vergehen wurde der Krebs angeklagt?

f. Welche Strafe erhielt der Krebs?

❷ Vergleiche deine Antworten mit denen eines Partners.

Die Sage von Gräfin Emma von Lesum  S. 133

❸ Suche die Textstellen und
   schreibe die Sätze richtig auf.

❹ Notiere die Zeilenangaben jeweils dahinter.

Der Herzog aber bekam Angst, dass die Gräfin
zu viel von dem Besitz verkaufen könnte,
den er nach ihrem Tode erben würde.

Der Mann war ein armer Bettler, der sich kaum
ohne fremde Hilfe bewegen konnte.

Es war eine Weide eingezäunt, viel größer,
als die Menschen je gehofft hatten.

❺ Vergleicht eure Angaben.

Madrid

Reise nach Spanien

Spanien

1 Warst du schon einmal in Spanien? Erzähle.

Spanien ist eines der meist bereisten Urlaubsländer.
Trotzdem wissen wir nur wenig über dieses Land.

> — *Norden Atlantik* ✳ *Süden Mittelmeer*
>
> — *Hauptstadt Madrid* ✳ *Mitte des Landes*
>
> — *Landessprache spanisch* ✳ *in einigen Landesteilen aber auch*
>   *andere Sprachen* ✳ *z. B. baskisch.*
>
> — *Norden Bergwälder* ✳ *unterschiedliche Laubbäume* ✳ *häufig Regen*
>
> — *Süden trockenes und heißes Klima* ✳ *Sommer kein Wasser*
>
> — *Hitze am Nachmittag* ✳ *Pause von mehreren Stunden* ✳
>   *arbeiten bis in den späten Abend*
>
> — *bedeutende Fischfangflotte Europas* ✳ *große Fischfabriken*
>
> — *große Gebiete Landwirtschaft* ✳ *viele Bewässerungsanlagen* ✳
>   *Apfelsinen und Zitronen* ✳ *Oliven ins Ausland*

2 Erzähle mit Hilfe der Stichwörter.

3 Schreibe die Stichwörter zu Sätzen um.

4 Du kannst weitere Informationen mit Hilfe
des Internets ergänzen.

Und was ist
mit Mallorca?

5 Schreibe die vier Wörter mit lang gesprochenem i aus dem Text
heraus, die nicht mit ie geschrieben werden.

 S. 154

AH S. 59/60

Madrid

Madrid ist die Hauptstadt Spaniens. In der Altstadt stehen schöne alte Gebäude, aber am Stadtrand entstehen immer mehr Neubauten. Madrid hat große Plätze. Dort sitzen die Leute in den Straßencafés in der Sonne. Auf der Plaza de España steht ein Denkmal von Don Quijote und Sancho Pansa. Der Dichter Cervantes, der die beiden Figuren erfand, starb 1616 in Madrid. Das Museo del Prado ist berühmt für seine große Gemäldesammlung. Nach dem Stadtbummel kann man in einem Erholungspark auf einem großen See Ruderboot fahren.

❶ Was erfährst du über Madrid?
Fasse mit eigenen Worten zusammen.

❷ Schreibe alle zusammengesetzten Wörter untereinander mit Artikel heraus.

> **Zusammengesetzte Nomen** (Substantive) können auch aus **Adjektiv und Nomen** oder **Verb und Nomen** bestehen.
> Das Grundwort steht am Ende des Wortes.
> Nach ihm richtet sich der Artikel:
> **die** Neustadt: neu – **die** Stadt;
> **das** Wohnhaus: wohnen – **das** Haus.

❸ Zerlege die herausgeschriebenen Wörter in Grund- und Bestimmungswort. Bestimme die Wortarten.

Königreich   Freizeit   Wanderweg   Großstadt   Schwimmbad

❹ Schreibe die Wörter mit Artikel untereinander auf. Gliedere sie in Grund- und Bestimmungswort. Bestimme die Wortarten.

 S. 155/156

In einem spanischen Dorf

❶ Erzähle zu dem Bild. Achte auch auf die Obst- und Gemüsesorten.

❷ Lies den Text. Was fällt dir auf?

Die vielen kleinen Dörfer in Spanien sehen oft sehr ähnlich aus.
Die Wände der Häuser sind meistens weiß angestrichen. Wegen der Hitze
sind die Fenster recht klein. In der Mitte des Dorfes ist der Marktplatz,
auf dem einmal wöchentlich ein Markt stattfindet. Dann wird es laut:
Das Blöken der Schafe, das Meckern der Ziegen, das Bellen der Hunde
und das Lachen der Menschen sind schon von weitem zu hören.
Das Läuten der Kirchenglocke gibt mittags das Zeichen für das Abbauen
der Stände.

> Wird dem **Verb** ein **Artikel vorangestellt**,
> wird aus dem Verb ein **Nomen**:
> **Das Schreiben** macht Lisa Spaß. Tom liebt mehr **das Turnen**.

❸ Im Text sind Verben durch Voransetzen des Artikels zu Nomen
geworden. Schreibe sie heraus.

AH S. 62

Hito

Nina hat in Spanien ein Spiel kennengelernt. Jetzt erklärt sie es Lisa:

„Das Spiel heißt Hito. Du brauchst ein etwa zehn Zentimeter langes Stück Besenstiel. Dann brauchst du einen flachen Stein. Dann brauchst du flache Plättchen. So spielt man Hito: Du zeichnest mit Kreide einen Kreis auf den Boden. Dann stellst du in die Mitte den Besenstiel und dann legst du die Plättchen obendrauf. Dann muss man versuchen, das Hito – den Besenstiel – mit dem Stein so zu treffen, dass es aus dem Kreis fliegt. Der Stein und möglichst viele Plättchen sollen im Kreis liegen bleiben. Und dann darf sich derjenige, der das schafft, die drei Plättchen nehmen, die dem Stein am nächsten liegen. Und dann ist der nächste Spieler dran."

❶ Nina benutzt häufig die gleichen Satzanfänge. Verbessere ihre Beschreibung. Diese Wörter können dir helfen:

| außerdem | danach |
| anschließend | zum Schluss |

Man kann Sätze umstellen, damit der Text abwechslungsreicher klingt.

❷ Schreibe eine Spielanweisung zu deinem Lieblingsspiel auf. Achte auf eine kurze und verständliche Beschreibung in richtiger Reihenfolge.

③ Können andere Kinder das Spiel nach deiner Beschreibung spielen? Ihr könnt die Texte in Partnerarbeit verbessern.

Der Stierkampf

Der Stierkampf ist einer der umstrittensten Bräuche Spaniens.
Die Ursprünge **des Stierkampfes** reichen weit zurück. Im Mittelalter war der Stierkampf zu Pferde ein beliebter Sport **des Adels.** Der heutige Stierkampf wird zu Fuß ausgeübt. Für viele Leute drückt er den Kampf **des Menschen** mit der Natur aus.
Alle Mitwirkenden ziehen in die Arena ein.
Die Kostüme **der Toreros** sind sehr farbenfroh.
Der Torero muss den Angriffen **des Stieres** geschickt ausweichen. Oft wird er dabei auch verletzt. Am Ende **des Kampfes** tötet er den Stier. Dann hört man das Jubeln **des Publikums.**
Der Ort Tossa de Mar verbot 1989 als erste spanische Stadt den Stierkampf. Inzwischen haben sich andere Städte angeschlossen.

❶ Würdest du zu einem Stierkampf gehen? Begründe deine Antwort.

❷ Erfrage die dick gedruckten Wörter im Text.

> Auf die Frage **Wessen?** antwortet der **Genitiv** (Ergänzung im 2. Fall).
> Der Genitiv zeigt an, dass etwas zu einem Gegenstand oder einer Person gehört: Das Kleid meiner Mutter gefiel allen Gästen.
> **Wessen Kleid** gefiel allen Gästen? Das Kleid **meiner Mutter.**

| das Wasser, der Brunnen | die Tür, das Haus | die Hitze, der Sommer |

❸ Bilde Wortgruppen. Setze dabei jeweils das untere Wort in den Genitiv.

❹ Bilde Sätze mit den Wortgruppen.

S. 157–159

AH S. 64

Flamenco

Flamenco ist ein spanischer Tanz, der tiefste Gefühle ausdrücken kann. Es gibt sehr ernste, aber auch fröhliche **Varianten.**
Der Flamenco hat eine lange **Tradition.** Das erste Mal wurde er 1774 in einem Schriftstück erwähnt. Damals wurde er nur von Gesang und rhythmischem Klatschen begleitet. Erst später kam die Gitarre dazu. Die Paare tanzen mit schnellen Stepp-schritten. Die stolzen Bewegungen und ernsten Gesichter prägen diesen Tanz. Die **Improvisation** spielt eine wichtige Rolle.
Die Tänzerinnen tragen die schönsten Kostüme: lange Kleider

in leuchtenden Farben, weite, schwingende Röcke und bunte Blumen im Haar. Die Männer tragen schwarze Hosen. Flamenco wird auf großen Plätzen oder Straßen, aber auch in Bars getanzt. In den Tanzschulen Spaniens kann jeder den Flamenco erlernen.

❶ Schreibe die dick gedruckten Fremdwörter heraus. Schlage ihre Bedeutung nach und erkläre sie.

❷ Schreibe alle Adjektive aus dem Text heraus.

❸ Von welchen Adjektiven kann man keine Vergleichsstufen bilden? Unterstreiche sie.

❹ Welche Tänze kennst du? Erzähle.

Ich mag Musik.

Spanien und die „Neue Welt"

Im Mittelalter waren Gewürze, Stoffe und Bodenschätze das Kostbarste. Sie wurden aus Indien nach Europa eingeführt. Aber der Seeweg um Afrika war sehr gefährlich. Deshalb wollte Christoph Kolumbus etwas Neues wagen, um eine sichere Route zu finden. Er glaubte, immer nur nach Westen segeln zu müssen um nach Asien zu gelangen. Das spanische Königshaus finanzierte schließlich seine Pläne.

Am 3. August 1492 verließ er mit drei Schiffen die Küste. Das Beschwerliche dieser Fahrt war, dass immer wieder Windstille herrschte. Endlich erreichten sie Festland. Kolumbus nahm an, dass er den Seeweg nach Indien entdeckt habe. Aber in Wirklichkeit war er in Amerika gelandet, das bis dahin unbekannt war. So unterstützte Spanien die Entdeckung der „Neuen Welt".

❶ Weißt du, wie die Ureinwohner Amerikas genannt werden? Erkläre, warum das so ist.

❷ Einige Adjektive werden als Nomen benutzt. Schreibe sie heraus. Wodurch wurden die Adjektive zu Nomen?

> Durch **Voransetzen des Artikels** oder durch Wörter wie „**etwas, viel, wenig**" wird aus einem **Adjektiv ein Nomen**:
> schön – das Schöne, das Schönste, etwas Schönes, viel Schönes.

klein   schnell   gefährlich   groß   gut

❸ Bilde zu den Adjektiven die Höchststufe.

❹ Bilde nun die Nomen zur Grund- und Höchststufe.

🦎 S. 160

AH S. 65

Weltmacht Spanien

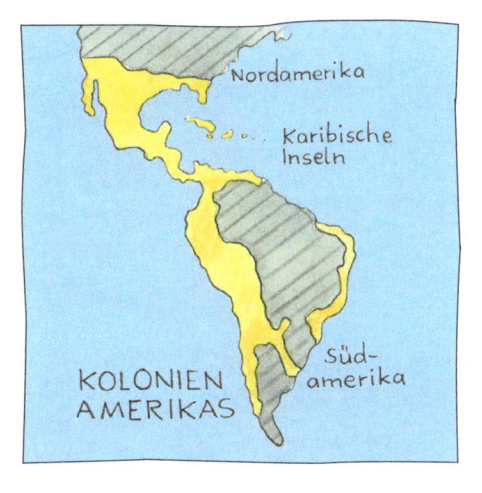

Mit der Entdeckung Amerikas begann die rücksichtslose Eroberung der „Neuen Welt". In einem Vertrag teilten Spanien und Portugal 1494 die Kolonien 📖 Amerikas, Afrikas und Asiens unter sich auf. Eroberer drangen immer weiter nach Südamerika vor und versklavten erbarmungslos die Ureinwohner und beuteten die Bodenschätze aus. Von 1503 bis 1660 erreichte Spanien 17 000 Tonnen amerikanisches Silber. Mit dem neuen Reichtum bezahlten die spanischen Könige weitere Eroberungszüge. Die größte Ausdehnung besaß Spanien 1560. Neben den Kolonien umfasste das Reich die Niederlande und Teile Italiens. Im Jahr 1561 ernannte König Philipp II. die damals noch bedeutungslose Stadt Madrid zur Hauptstadt des riesigen Reiches. Um seine endlose Macht zu zeigen, ließ er in deren Nähe den Escorial, einen gewaltigen Palastbau, errichten.

❶ Beschreibe mit eigenen Worten den Aufstieg Spaniens zur Weltmacht.

❷ Schreibe alle Adjektive aus dem Text heraus.
Zu welchen zwei Adjektiven kann man keine Vergleichsstufen bilden?
Kreise sie ein.

❸ Unterstreiche die Adjektive mit der Endsilbe -los ?
Erkläre, was sie bewirkt.

> Da bin ich sprachlos.

furchtlos	ausweglos	herzlos
kopflos	bewegungslos	farblos

❹ Schreibe die Adjektive ab und erkläre ihre Bedeutung.

 S. 161

Ein Bild beschreiben

Im Museum

❶ Schau dir das Bild genau an. Was siehst du?
Erzähle.

❷ Ergänze die Sätze mit folgenden Formulierungen:

Ich suche ein Bild von Picasso.

- In der oberen Mitte des Bildes …
- Rechts daneben erkennt man …
- In der rechten unteren Ecke befindet sich …
- Im Hintergrund …

❸ Beschreibe die folgenden Bildausschnitte nun ausführlicher.
Die Wörter daneben können dir helfen:

Skulptur	Figur	Steinbild
sehen	bewundern	betrachten
modern	interessant	berühmt

 S. 162/163

152

umdrehen   wegschauen

abwenden   uninteressiert

gelangweilt   schlecht gelaunt

❹ Welche Aussagen zum linken Bild sind nicht sachlich?

a. Der Junge hat bestimmt etwas Besseres vorgehabt.

b. Das Mädchen will nur den Eltern einen Gefallen tun.

c. Das ältere Paar auf der Holzbank sieht müde aus.

d. Mir gefällt die Skulptur auf dem Bild nicht.

e. Die Tür steht weit auf und man schaut in den nächsten Raum.

f. Interessiert betrachtet das Mädchen die Bilder.

Schreibtipps für eine Bildbeschreibung

1. Nenne in der Einleitung Maler und Titel des Bildes.
2. Beschreibe das Bild in einer von dir gewählten Reihenfolge und nur das, was du siehst.
3. Beschreibe Einzelheiten mit treffenden Wörtern.
4. Verbinde die Sätze so, dass man eine Vorstellung vom gesamten Bild erhält.
5. Bleibe sachlich.
6. Schreibe am Schluss, was du über das Bild denkst.
7. Verwende durchgängig das Präsens.

---

❺ Beschreibe das Bild „Im Museum".
Beachte die Schreibtipps!

❻ Lest euch die Texte gegenseitig vor.
Wurden die Schreibtipps eingehalten?

SCHREIB-
KONFERENZ

Landwirtschaft in Spanien

Das Klima in Spanien ist sehr mild. Deshalb wachsen dort Zitrusfrüchte, Feigen und Oliven. Da das Land aber oft unter großer Trockenheit leidet, war die Ernte früher eingeschränkt. Um aber die Nachfrage nach Früchten das ganze Jahr über zu erfüllen, ist man in Spanien mehr und mehr dazu übergegangen, das Land zu bewässern. Zusätzlich wurden riesige Treibhäuser errichtet.

So wurde aus Andalusien, einem früher sehr trockenen Gebiet an der Küste, die fruchtbarste Gegend Spaniens. Es liefert heute mehr als die Hälfte der gesamten Olivenproduktion des Landes.

Durch die künstliche Bewässerung sind außerdem mehrmals im Jahr Ernten möglich. Der Wasserverbrauch ist dadurch enorm gestiegen.

Die Errichtung riesiger Bewässerungsanlagen führt jedoch zu weiteren Problemen. Besonders auf großen landwirtschaftlichen Gütern werden dem Boden enorme Mengen des Grundwassers entzogen. Dadurch aber dringt Meerwasser in den Boden und dieser versalzt. Hinzu kommt die Belastung des Grundwassers durch Düngemittel und Schädlingsbekämpfungsmittel.

Wir können zwar in Europa das ganze Jahr über Obst und Gemüse aus Spanien kaufen, tragen aber dazu bei, dass die Spanier selbst immer mehr Probleme mit ihrem Trinkwasservorrat haben.

- Erkläre mit eigenen Worten die Folgen des intensiven Anbaus von Obst und Gemüse in Spanien.

- Erkundige dich, aus welchen Ländern Obst und Gemüse in deinem Ort angeboten werden.

Der Kampf mit den Windmühlen

Don Quijote (auch Quichotte) ist ein armer Adeliger, dessen Geist durch das Lesen von Ritterromanen verwirrt ist. Er will Abenteuer bestehen, um einer Frau zu gefallen.

Vierzehn Tage musste der Ritter das Bett hüten, und die Haushälterin dachte schon, er habe von seinen Abenteuern genug. Doch eines schönen Morgens war er wieder verschwunden. Aber diesmal nicht nur
5 er und das Pferd, sondern auch sein Nachbar Sancho Pansa, ein verheirateter Bauer, mit einem Esel. Sancho Pansas Frau kam samt den Kindern zu Don Quichottes Haushälterin und der Nichte gelaufen, und sie weinten und schimpften durcheinander, dass
10 das Haus widerhallte. Was, um alles in der Welt, war Sancho Pansa eingefallen, den verrückten Ritter zu begleiten? War denn auch in seinem Bauernschädel etwas nicht in Ordnung? Nun, verrückt war der kleine, dicke Bauer nicht, aber er war, offen gestanden,
15 ziemlich dumm. Und als ihm Don Quichotte erzählt hatte, er wolle Provinzen, Inseln und Königreiche erobern und ihn, den Knappen und Stallmeister, zum Grafen oder Herzog machen, wenn nicht gar zu einem König, da hatte der kleine Dicke nicht
20 widerstehen können. Gegen Abend näherten sie sich einem Hügel, auf dem dreißig bis vierzig Windmühlen standen. Da stellte sich Don Quichotte in die Steigbügel und rief: „Siehst du die Riesen auf dem Hügel?" Sancho Pansa kaute gerade etwas Brot und
25 Schinken und sagte: „Riesen? Auf dem Hügel? Ich sehe nur Windmühlen!" „Riesen!", rief der Ritter. „Und jeder hat vier Arme!" „Nein", sagte der Stallmeister kauend. „Es sind Windmühlen, und jede hat vier Flügel!" Doch da legte sein Herr und Gebieter
30 auch schon die neue Lanze ein, rief zum Hügel: „Im Namen der Dame Dulzinea von Toboso, ergebt euch!", und gab Rosinante die Sporen.

Als Don Quichotte die erste Windmühle erreicht und die Lanze voller Wucht in einen Windmühlenflügel gebohrt hatte, kam plötzlich ein Wind auf. Die Flügel
35 begannen sich zu drehen. Die Lanze zersplitterte. Und Ross und Reiter flogen in hohem Bogen durch die Luft und ins Feld. Dort blieben beide liegen, als hätten sie sämtliche Knochen gebrochen! Sancho Pansa trabte erschrocken näher und rief schon von weitem: „Habt Ihr große Schmerzen?" Da setzte sich Don Quichotte mühsam auf und sagte stolz: „Ritter haben keine Schmerzen. Und wenn sie doch
40 einmal welche haben, klagen sie nicht." „Wie gut, dass ich kein Ritter bin!", rief der kleine Dicke und half den beiden auf die Beine. Als sie schließlich weiterritten, hing der Ritter schief und krumm im Sattel, und der Gaul humpelte und kam kaum vom Fleck. Weil es außerdem dunkel wurde, beschlossen sie zu kampieren und ließen sich in einem Steineichenwald nieder. Sancho Pansa aß und trank
45 wieder, legte sich um und schnarchte, dass die Wipfel zitterten. Don Quichotte aß nichts, trank nichts und schlief nicht. Nachdem er einen kräftigen Zweig von einem der Bäume abgerissen hatte und ihn als Lanze zurechtgeschnitzt hatte, saß er noch lange wach, grämte sich über seine Niederlage und träumte von neuen, aber erfolgreicheren Taten.

Nacherzählt von Erich Kästner

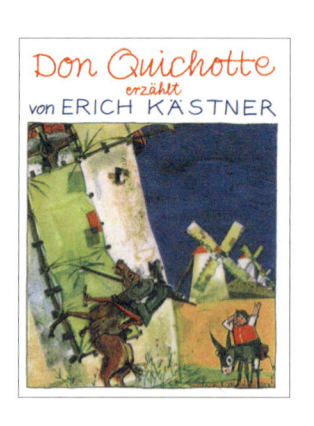

Miguel de Cervantes Saavedra

Miguel de Cervantes wurde am 29. September 1547 in Alcalá de Henares geboren. Berühmt wurde er vor allem durch seinen Roman „Don Quijote de la Mancha", den er als Parodie 📖 auf die zu seiner Zeit weit verbreiteten Ritterromane schrieb. Er wollte damit kritisieren, dass es die alten Rittertugenden nicht mehr gab. Außer „Don Quijote" schrieb Cervantes noch eine Reihe weiterer Erzählungen, Romane und Dramen. 1616 starb er in Madrid.

AH S. 67

Ferdinand S. 169

Es war einmal in Spanien, da lebte ein junger Stier, der hieß Ferdinand.
All die anderen jungen Stiere, mit denen er aufwuchs, liefen und sprangen
den ganzen Tag umher und stupsten sich gegenseitig mit den Köpfen.
Nicht so Ferdinand.

5 Er saß am liebsten einfach ruhig da und beschnupperte die Blumen.
Draußen auf der Weide hatte er seinen Lieblingsplatz unter einer Korkeiche.
Am liebsten saß er den ganzen Tag im Schatten dieses Baumes und schnup-
perte den Duft der Blumen.
Seine Mutter, eine Kuh, machte sich manchmal Sorgen um ihn.

10 Sie fürchtete, er könnte sich einsam fühlen, so ganz allein.
„Warum läufst du nicht umher und spielst und balgst dich mit den andern
jungen Stieren?", fragte sie ihn dann. Aber Ferdinand schüttelte immer
den Kopf.
„Mir gefällt es besser hier, wo ich einfach ruhig dasitzen und die Blumen

15 beschnuppern kann."
Seine Mutter merkte, dass er sich nicht einsam fühlte, und da sie zwar
nur eine Kuh, aber eine verständnisvolle Mutter war, ließ sie ihn gewähren
und glücklich sein.
Im Laufe der Jahre nun wuchs Ferdinand heran, bis er ganz groß und stark

20 war. All die andern Stiere, die mit ihm auf derselben Weide herangewachsen

waren, kämpften miteinander, tagaus, tagein. Sie stupsten sich ständig mit dem Kopf und rannten mit den Hörnern gegeneinander an. Sie wollten am liebsten abgeholt werden, um in der Arena in Madrid zu kämpfen!

Nicht so Ferdinand. Er saß noch immer am liebsten ruhig unter der Kork-
25 eiche und schnupperte an den Blumen.

Eines Tages tauchten fünf Männer mit ulkigen Hüten auf, um für die Stier-kämpfe in Madrid den größten, wildesten und schnellsten Bullen auszu-suchen.

Alle andern Stiere liefen schnaubend und sich stupsend umher und vollführten
30 die verwegensten Sprünge, denn die Männer sollten sie ungeheuer stark und fürchterlich finden und mitnehmen.

Ferdinand wusste, dass sie ihn nicht mitnehmen würden. Er machte sich nichts daraus. Er ging wie immer zu seinem Lieblingsbaum und setzte sich hin.

Dabei gab er nicht Acht, wo er sich hinsetzte, und statt ins schöne kühle Gras,
35 setzte er sich auf eine Hummel.

Wenn du eine Hummel wärst und ein Stier setzte sich auf dich – was würdest du dann tun? Du würdest ihn stechen. Und genau das tat die Hummel auch.

Au! Tat das weh! Ferdinand sprang hoch. Wutschnaubend und prustend rannte er umher, stieß mit den Hörnern um sich und stampfte wie besessen
40 mit den Hufen.

So erblickten ihn die fünf Männer, und sie taten einen Freudenschrei. Dies war der größte und fürchterlichste Bulle weit und breit. Gerade was sie brauchten für die Stierkämpfe in Madrid!

So nahmen sie Ferdinand auf einem Karren mit zu den Stierkämpfen.
45 War das ein Tag! Fahnen flatterten, die Musik spielte und all die schönen Spanierinnen trugen Blumen im Haar.

Bald fand der Aufmarsch in die Arena statt.

Zuerst kamen die Banderilleros mit spitzen, bebänderten Stacheln, um den Stier damit zu stechen und wütend zu machen.

50 Darauf kamen die Pikadores auf dünnen Kleppern und mit langen Lanzen, um den Stier zu stechen und noch wütender zu machen.

Dann erschien der Matador, der Stolzeste von allen. Er hielt sich für den Schönsten und verbeugte sich vor den Damen. Um die Schultern trug er den roten Mantel, und mit seinem Degen sollte er dem Stier den letzten

55 Stich versetzen.

Dann kam der Stier, und nicht wahr? Du weißt, wer? FERDINAND.

Man nannte ihn Ferdinand den Schrecklichen, und alle Banderilleros hatten Angst vor ihm, und die Pikadores hatten Angst vor ihm, und der Matador war starr vor Schreck.

60 Ferdinand lief mitten in die Arena, und die Zuschauer jubelten und klatschten, denn sie glaubten, er werde fürchterlich kämpfen, schnauben und mit den Hörnern stoßen. Aber weit gefehlt. Als Ferdinand in der Mitte der Arena anlangte, erblickte er die Blumen im Haar all der Schönen und setzte sich ruhig hin, um den Duft zu schnuppern.

65 Soviel man ihn auch reizte, er dachte nicht daran, zu kämpfen und fürchterlich zu wüten. Er saß einfach da und schnupperte. Die Banderilleros waren wütend, und die Pikadores waren noch wütender, und der Matador weinte vor Wut, weil er sich nicht aufspielen konnte mit Tuch und Degen. So mussten sie Ferdinand wieder nach Hause bringen.

70 Und wenn er nicht gestorben ist, so sitzt er noch heute an seinem Lieblingsplatz unter der Korkeiche und schnuppert einfach ruhig an den Blumen. Er ist sehr glücklich.

Munro Leaf

○ Du kannst die Geschichte aus der Sicht Ferdinands erzählen.

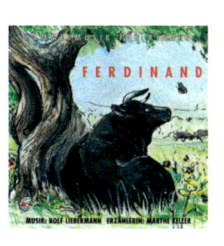

Christoph Kolumbus 🐾 S. 169

Der berühmte Seefahrer Christoph Kolumbus
wurde 1451 in Genua in Italien geboren.
Damals war Indien ein wichtiger Handelsplatz.
Seit Jahrhunderten wurde behauptet, es gäbe
5 einen westlichen Seeweg nach Indien. Darum
hatte Kolumbus die Idee, Indien, statt auf dem
langen gefährlichen Seeweg rund um Afrika,
auf einer Route nach Westen über das Meer
zu erreichen. Um Unterstützung für seinen Plan
10 zu finden, ging Kolumbus nach Spanien. Am
17. April 1492 kam es zu einem Vertrag zwischen Kolumbus und dem
spanischen Königshaus, Ferdinand II. und Isabella. Kolumbus erhielt drei
Schiffe und 88 Mann Besatzung.
Auf seiner ersten Fahrt mit dem Hauptschiff „Santa Maria" erreichte
15 Kolumbus die Watlingsinsel (eine kleine Insel, die heute zu den Bahamas
gezählt wird), Kuba und Haiti. Da er immer noch annahm, dass er den
Seeweg nach Indien entdeckt hatte, nannte er diese Inseln „westindisch".
So heißen sie bis heute, obwohl sie vor Mittelamerika liegen. Die Menschen, die das neu entdeckte Land bewohnten, nannte er „Indianos".
20 Bis heute nennen wir die Ureinwohner Amerikas Indianer.
Obwohl Kolumbus noch dreimal in See stach, gingen seine Träume nicht

in Erfüllung. Er fand keinen Seeweg nach Indien. Das Land, das er
entdeckte, schien auf den ersten
25 Blick nichts von den erhofften
Reichtümern zu besitzen. Christoph
Kolumbus starb am 20. Mai 1506
in Valladolid in Spanien.
Die Ausbeutung der Schätze Ame-
30 rikas und die Versklavung der Ureinwohner begannen mit der Eroberung
Mittelamerikas. Mit der Entdeckung Amerikas ging das Mittelalter zu
Ende und die Neuzeit begann.

● Warum nennt man Amerika auch die „Neue Welt"?

Der Escorial

Im Jahr 1561 ernennt König Philipp II. Madrid zur Hauptstadt von Spanien und wählt damit
5 einen bis dahin unbedeutenden Ort. Zwei Jahre später beginnt er in 48 Kilometern Entfernung einen riesigen Palast,
10 den Escorial, zu bauen.

Mit ihm will er seine königliche Macht und Bedeutung unterstreichen.
Der Bau ist gleichzeitig Schloss, Kloster und auch Mausoleum 📖.
Der mächtige Grundriss von 207 mal 162 Metern hat die Form eines
Rechtecks, das durch weitere Gebäude unterteilt ist. Philipp widmet
15 den Palast dem heiligen Laurentius als Dank. An dessen Ehrentag hatten
die spanischen Truppen einen wichtigen Sieg über die Franzosen errungen.
Ihm zu Ehren wird auch eine Kirche mit einer riesigen Kuppel gebaut.
Sie erinnert an die bedeutende Kirche Sankt Peter in Rom.
Unter dem Altar der Klosterkirche befindet sich die Königsgruft.
20 König Philipp zieht sich im Alter immer öfter in den Escorial zurück.
Er nutzt dort die Gelegenheit zum Gebet mit den Mönchen, aber auch
die Möglichkeit für prunkvolle Empfänge für Botschafter anderer Länder.
Daneben betätigt er sich sein ganzes Leben lang als Kunstsammler.
Er lässt Gemälde einkaufen oder beauftragt bekannte Maler seiner Zeit.

25 So gelangen 1150 Gemälde in den Escorial. Eine Reihe dieser Kunstwerke ist mittlerweile berühmt geworden und sehr wertvoll. Noch heute
30 zieht das Schloss mit der Gemäldesammlung und seiner bedeutenden Bibliothek viele Besucher an.

Pablo Picasso

Der Feinschmecker

Pablo Picasso wurde 1881 in der spanischen Stadt Málaga geboren. Sein Vater war Maler und Zeichenlehrer. Daher erkannte er sehr früh das besondere Talent 📖 seines Sohnes und förderte ihn ganz gezielt. So hatte Picasso keine richtige Kindheit, denn er wurde täglich angehalten, die Technik des Malens zu verbessern. Bereits als Elfjähriger besuchte er die Kunstschule in La Coruña und als er fünfzehn Jahre alt war, wurde er zur Kunstakademie zugelassen. Picassos Kinderbilder waren nie richtig kindlich. Ein Grund ist sicher, dass zu der damaligen Zeit Kinder eher wie kleine Erwachsene angekleidet und ähnliches Verhalten von ihnen erwartet wurde. Ein weiterer Grund ist, dass ihn die Lehrer wie einen Erwachsenen unterrichteten. Also malte er wie alle Maler der damaligen Zeit.

Picasso hat bis zum Jahr 1905 viele Bilder gemalt, in denen Kinder und Jugendliche sehr ernst aussehen und starr allein oder neben Erwachsenen stehen. Spielende, lustige Kinder sieht man nicht.

● Beschreibe das Bild.
Beachte die Schreibtipps auf Seite 153.

Nach dem Studium zog Picasso nach Paris, weil dort viele berühmte Künstler lebten. Er begann mehr und mehr seine eigene Art des Malens zu finden. Er verzerrte die Figuren in seinen Bildern, zerlegte sie in einzelne Teile und setzte sie verfremdet zusammen. Oftmals ist nur an einzelnen Beifügungen zu erkennen, ob die dargestellte Person ein Mann, eine Frau oder ein Kind ist. Picassos Bilder wurden zu Anfang abgelehnt. Bald jedoch begannen andere Künstler ähnlich zu malen. Als Picasso eigene Kinder hatte, wählte er häufig Maya, Paloma und Paolo als Vorlage für seine Bilder.

Mädchen mit Blumenkranz und Spielzeugschiff

Picasso entdeckte immer neue Möglichkeiten und Formen sich künstlerisch auszudrücken. Er gestaltete Skulpturen 📖, formte Keramiken, entwarf Bühnenbilder und schrieb sogar zwei Theaterstücke. Obwohl er weiter in Frankreich lebte, blieb er seiner spanischen Heimat verbunden. In seinen Bildern findet man deshalb oft Motive aus Spanien wie den Stierkampf oder den Ritter Don Quijote. Schon zu seinen Lebzeiten war Picasso berühmt und seine Werke wurden in allen bedeutenden Museen der Welt ausgestellt. Als Picasso mit 92 Jahren starb, hinterließ er mehr als 15 000 Kunstwerke.

● Vergleiche die beiden Kinderbilder.

Präteritum

Vor zwei Wochen ▨▨▨ wir nach Spanien.   fliegen

Es ▨▨▨ meine erste Flugreise.   sein

Zu meinem Glück ▨▨▨ ich einen Fensterplatz.   erhalten

Bei der Landung ▨▨▨ ich die Hand meiner Mutter.   ergreifen

❶ Setze die Verben im Präteritum ein. Schreibe den Text ab.

❷ Kontrolliere die Schreibweise der Verben mit der Wörterliste.

Dativobjekte

begegneten   auf dem Flughafen   dem Reiseleiter   wir

ihm   zur Gepäckaufgabe   folgten   wir

dem Herrn   mein Vater   dankte   für seine freundliche Hilfe

ich   beim Koffertragen   half   meinen Eltern

❸ Schreibe die Sätze richtig auf.

❹ Erfrage und unterstreiche die Dativobjekte.

Akkusativobjekte

Vor dem Urlaub erledigten wir unsere Blumen.
Wir kauften unseren Hund in der Stadt.
Die Nachbarin wollte die Zeitungen gießen.
Mein Vater bestellte zwei große Koffer ab.
Viele Dinge gaben wir den Großeltern zur Pflege.

❺ Schreibe die Sätze ab.
Erfrage und unterstreiche die Akkusativobjekte.

❻ Schreibe die Sätze sinnvoll auf.

Ein Spiel für die Reise

 Flughafen

Hafenstadt

Stadtmauer

 Mauerstein

❶ Schreibe die zusammengesetzten Nomen ab. Was fällt dir auf?
Bilde weitere Wörter.

Kleine Wörter mit ih

❷ Setze die Wörter ein. Schreibe die Sätze ab und markiere ih .

| ihm | ihr | ihn | ihnen |

Maro schreibt Ali einen Brief: Er schreibt ▨▨▨ einen Brief.
Er lädt seinen Freund ein: Er lädt ▨▨▨ ein.
Seinen Eltern schickt er eine Karte: Er schickt ▨▨▨ eine Karte.
Er bestellt seiner Freundin viele Grüße: Er bestellt ▨▨▨ viele Grüße.

Wörter mit ie

A	P	S	T	Z	M	V	T	I	E	F
U	I	X	B	I	X	I	R	T	D	B
M	Z	B	I	E	N	E	W	G	S	I
E	R	R	T	G	V	L	S	W	E	E
S	A	I	Y	E	O	X	T	I	N	R
T	N	E	M	S	C	H	I	E	N	E
I	T	F	L	I	E	G	E	G	D	O
E	Q	S	P	A	T	U	V	E	X	R
R	K	C	S	P	I	E	L	T	M	W

 Einmal findest du drei Reimwörter.

❸ Schreibe die Wörter mit ie heraus. Markiere ie .

❹ Suche die Reimwörter. Schreibe sie nebeneinander auf.

Zusammengesetzte Nomen

Badeanzug	Zahnarzt	Kochtopf	Liegestuhl
Luftmatratze	Buntstifte	Kletterseil	Wildkatze
Fernverkehr	Raureif	Handtuch	Sonnenöl

❶ Trage die Wörter in eine Tabelle ein.

Nomen + Nomen	Verb + Nomen	Adjektiv + Nomen

Verben als Nomen

Maros Familie liebt es auf dem Markt zu *bummeln*.
Alle mögen es mit den Verkäufern zu *handeln*.
Nachmittags bevorzugen sie ein Museum zu *besuchen*.
Aber Maro zieht vor im Meer zu *baden*.

❷ Schreibe die Sätze mit den markierten Verben als Nomen so auf:
Maros Familie liebt das Bummeln …

Satzanfänge

Bei diesem Spiel muss man erst würfeln.
Dann wird die Figur nach der Zahl gesetzt.
Dann muss man eine rote Karte ziehen.
Dann macht man den Beruf vor, der auf der Karte steht.
Dann sollen die anderen Spieler den Beruf erraten.
Dann ist der nächste Spieler an der Reihe.

❸ Lies die Spielanweisung. Was fällt dir auf?

❹ Schreibe nun den Text abwechslungsreicher.

Der Genitiv

Wessen Geschnatter ist laut?
Wessen Mutter ist die Stute?
Wessen Kinder heißen Welpen?
Wessen Krähen weckt
morgens alle Leute?
Wessen Fell wird im Sommer
geschoren?

❶ Schau das Bild an.
Beantworte die Fragen in einem vollständigen Satz.

❷ Unterstreiche die Wörter im Genitiv.

Adjektive als Nomen

wichtig   langsam   langweilig

spannend   aufregend   interessant

❸ Bilde die Vergleichsstufen der Adjektive.

❹ Bilde zu jeder Vergleichsstufe das Nomen:
wichtig – etwas Wichtiges; das Wichtige, wichtiger – …

❺ Bilde Sätze mit den gebildeten Nomen:
Das Wichtigste ist, dass …

Adjektive mit der Endsilbe -los

Maro spricht spanisch ohne Fehler. Er spricht ▓▓▓▓.   grundlos

Seine Eltern sind erstaunt. Sie sind ▓▓▓▓.   fehlerlos

Sie haben sich Sorgen gemacht. Diese waren aber ▓▓▓▓.   sprachlos

❻ Setze die Adjektive richtig ein. Schreibe die Sätze ab.

Das lang gesprochene i

In Ägypten auf dem Nil
schwimmt ein großes Krokodil,
welches sehr gefährlich ist,
weil es wirklich alles frisst:
Kleine Reiseschreibmaschinen,
rosalila Tüllgardinen,

Schokoigel aus Fabriken,
aus der Zeitung die Kritiken,
Radios und Kinokarten,
Tigerlilien aus dem Garten.
Darum ist in diesem Klima
so ein Tierchen einfach prima.

❶ Schreibe das Gedicht ab und unterstreiche alle Wörter mit lang gesprochenem i , die nicht als ie geschrieben werden.

❷ Bilde die Einzahl oder Mehrzahl der unterstrichenen Nomen. Zu zwei Nomen gibt es keine Mehrzahl. Welche sind es?

Wörter mit der Endung -ine

Apfels-   Margar-   Masch-

-ine

Mandar-   Law-   Gard-

❸ Bilde Wörter und schreibe sie auf. Unterstreiche -ine .

❹ Schreibe Sätze mit den Wörtern.

Ferien in Spanien

Timo und seine Familie machen Ferien in Spanien.
Sie lieben das Klima dieses Landes. Timo findet es prima
jeden Tag im Meer zu schwimmen. Oft lässt er sich auf
seiner Luftmatratze treiben, die die Form eines Krokodils hat.
Seine Schwester sonnt sich lieber auf dem lila Liegestuhl.
Später essen sie Apfelsinen, Mandarinen und Oliven.
So genießen alle die Ferien.
Nur manchmal vermissen die Kinder ihr Kino um die Ecke.

❺ Übe den Text als Diktat.

Klima   Krokodil   Kino   Apfelsine   Olive

Ferdinand  ⟨ S. 157–159 🦎

	ja	nein
Ferdinand saß am liebsten einfach ruhig da.	(M)	S
Vier Männer wollten einen starken Bullen aussuchen.	P	(A)
Ferdinand saß gerne unter seinem Lieblingsstrauch.	A	(T)
Er wurde von einer Hummel gestochen.	(A)	N
Alle schönen Spanierinnen trugen Blumen im Haar.	(D)	I
Die Pikadores sollten die Stiere zuerst stechen.	E	(O)
Am Ende wurde Ferdinand verkauft.	N	(R)

❶ Lies den Text und entscheide, ob die Antwort zutrifft oder nicht. Wenn du alles richtig hast, ergibt sich ein Lösungswort.

❷ Erkläre es mit eigenen Worten.

Christoph Kolumbus ⟨ S. 160 🦎

Der berühmte Seefahrer Christoph Kolumbus ▨▨▨ in Italien geboren.

Darum hatte Kolumbus die Idee, Indien ▨▨▨ zu erreichen.

Da er immer noch ▨▨▨ „westindisch".

Obwohl Kolumbus noch ▨▨▨ in Erfüllung.

Mit der Entdeckung  begann.

❸ Lies den Text. Suche die Sätze und schreibe sie vollständig auf.

❹ Vergleiche mit deinem Partner.

Hast du eine Zahl und 47 Wörter eingesetzt?

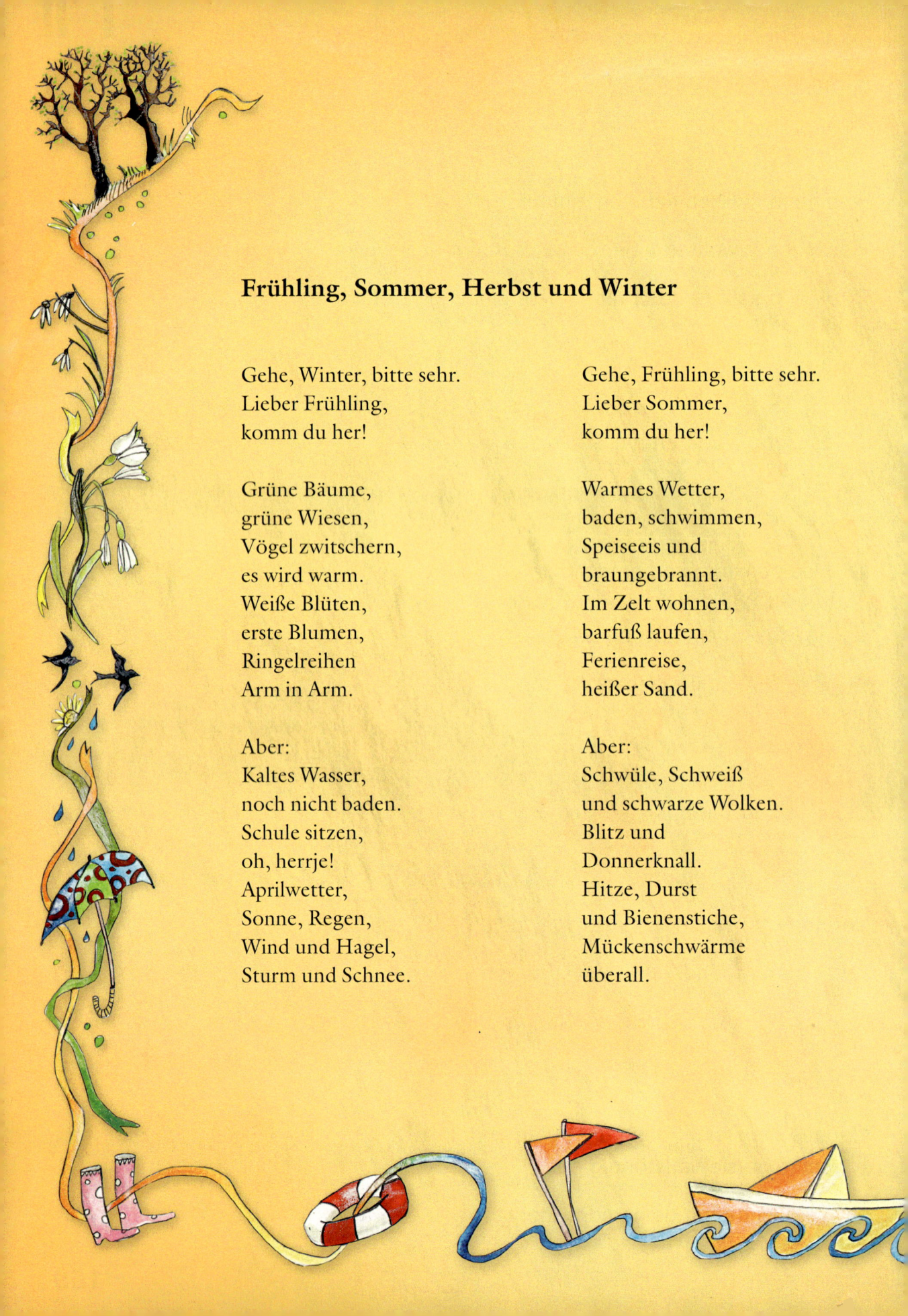

Frühling, Sommer, Herbst und Winter

Gehe, Winter, bitte sehr.
Lieber Frühling,
komm du her!

Grüne Bäume,
grüne Wiesen,
Vögel zwitschern,
es wird warm.
Weiße Blüten,
erste Blumen,
Ringelreihen
Arm in Arm.

Aber:
Kaltes Wasser,
noch nicht baden.
Schule sitzen,
oh, herrje!
Aprilwetter,
Sonne, Regen,
Wind und Hagel,
Sturm und Schnee.

Gehe, Frühling, bitte sehr.
Lieber Sommer,
komm du her!

Warmes Wetter,
baden, schwimmen,
Speiseeis und
braungebrannt.
Im Zelt wohnen,
barfuß laufen,
Ferienreise,
heißer Sand.

Aber:
Schwüle, Schweiß
und schwarze Wolken.
Blitz und
Donnerknall.
Hitze, Durst
und Bienenstiche,
Mückenschwärme
überall.

Das Jahr

Gehe, Herbst, ich bitte sehr.
Lieber Winter,
komm du her!

Gehe, Sommer, bitte sehr.
Lieber Herbst,
komm du doch her!

Schlittschuh laufen,
Schlitten rodeln,
Skiabfahrt und
Schneeballschlacht.
Tiere füttern,
warme Stuben,
Christkind, Neujahr,
Fasenacht.

Bunte Bäume,
blauer Himmel,
rote Äpfel,
Blätterreigen.
Gelbe Birnen,
goldne Sonne,
Lagerfeuer,
Drachensteigen.

Aber:
Beine brechen,
nasse Kleider,
grippekrank
und Vögel weg.
Tiere frieren,
hungern, leiden,
Bäume kahl,
kein grüner Fleck.

Aber:
Vögel ziehen,
grauer Himmel,
Blätter fallen
und viel Regen.
Tage kürzer,
es wird kälter,
Bodenfrost
und Stürme fegen.

Gehe, Winter, bitte sehr.
Lieber Frühling,
komm du her!

Alfons Schweiggert

Herbst

Herr von Ribbeck auf Ribbeck im Havelland

Herr von Ribbeck auf Ribbeck im Havelland,
ein Birnbaum in seinem Garten stand,
und kam die goldene Herbsteszeit
und die Birnen leuchteten weit und breit,
da stopfte, wenn's Mittag vom Turme scholl,
der von Ribbeck sich beide Taschen voll
und kam in Pantinen ein Junge daher,
so rief er: „Junge, wiste 'ne Beer?"
Und kam ein Mädel, so rief er: „Lütt Dirn,
kumm man röwer, ick hebb 'ne Birn."

So ging es viel Jahre, bis lobesam
der von Ribbeck auf Ribbeck zu sterben kam.
Er fühlte sein Ende. 's war Herbsteszeit,
wieder lachten die Birnen weit und breit,
da sagte von Ribbeck: „Ich scheide nun ab.
Legt mir eine Birne mit ins Grab."
Und drei Tage drauf, aus dem Doppeldachhaus,
trugen von Ribbeck sie hinaus,
alle Bauern und Büdner 📖 mit Feiergesicht
sangen „Jesus, meine Zuversicht"
und die Kinder klagten, das Herze schwer:
„He is dod nu. Wer giwt uns nu 'ne Beer?"

So klagten die Kinder. Das war nicht recht,
ach, sie kannten den alten Ribbeck schlecht!
Der neue freilich, der knausert und spart,
hält Park und Birnbaum strenge verwahrt.
Aber der alte, vorahnend schon
und voll Misstraun gegen den eigenen Sohn,
der wusste genau, was damals er tat,
als um eine Birn ins Grab er bat,
und im dritten Jahr aus dem stillen Haus
ein Birnbaumsprössling sprosst heraus.

Und die Jahre gehen wohl auf und ab,
längst wölbt sich ein Birnbaum über dem Grab,
und in der goldenen Herbsteszeit
leuchtet's wieder weit und breit.
Und kommt ein Jung' übern Kirchhof her,
so flüstert's im Baume: „Wiste 'ne Beer?"
Und kommt ein Mädel, so flüstert's: „Lütt Dirn,
kumm man röwer, ick gew di 'ne Birn."

So spendet Segen noch immer die Hand
des von Ribbeck auf Ribbeck im Havelland.

Theodor Fontane

- Warum bat der alte Ribbeck darum,
  eine Birne in sein Grab zu legen?

- Lernt das Gedicht auswendig.
  Ihr könnt die Strophen aufteilen.

Spiegel

In der kleinen
Regenpfütze
glitzern tausend
Sonnenblitze,
spiegelt sich der
Störche Zug,
eines Drachens
Wolkenpflug,
zieht ein Flugzeug
durch den Raum,
steht ein Stück vom
Lindenbaum,
glänzt das fernste
Sternenlicht,
schwebt und zittert
dein Gesicht.

Alfred Könner

- Erzähle, was du noch in Pfützen entdecken kannst.

Erntezeit in Lönneberga

An diesem Tag begannen sie in Katthult mit der Roggenernte. Auch Michels Vater war den ganzen Tag bis zum Abend auf dem Roggenfeld. Von allen Höfen trugen die Kinder den Kaffee hinaus auf das Feld …

An diesem Tag wurden also Michel und Ida auch mit Vesperkaffee 📖 losge-
schickt. Sie gingen rechtzeitig von zu Hause weg und trugen den Korb behutsam
zwischen sich. Aber Michel nahm nie den geraden Weg, er suchte Schlängelwege,
hierhin und dorthin, wo es etwas zu sehen gab. Und wohin Michel ging, ging
5 auch Ida. Heute machte Michel den Umweg zum Sumpf hinunter. Da gab es
reichlich Frösche, und er fand tatsächlich auch jetzt einen. Er wollte ihn gern
näher beobachten und meinte außerdem, dass der Frosch vielleicht etwas
Abwechslung brauche und nicht immer den ganzen Tag im Sumpf sitzen solle.
Deshalb steckte er ihn in den Vesperkorb und schloss den Deckel über ihm –
10 nun war er sicher verwahrt.
    „Wohin soll ich ihn sonst stecken?", sagte Michel, als Ida fragte, ob es wirklich
gut sei, den Frosch ausgerechnet in den Korb zu setzen. „In den Hosentaschen
habe ich doch Löcher. Übrigens will ich ihn auch nur eine Weile behalten. Später
kann er wieder in den Sumpf zurück", erklärte der verständige Junge.
15 Auf dem Roggenfeld mähten Michels Vater und Alfred mit ihren Sensen, und
hinter ihnen gingen Lina und Krösa-Maja und sammelten die Roggenhalme auf
und banden sie zu Garben zusammen. So wurde es damals gemacht.
    Als Michel und Ida endlich mit dem Vesperkorb auftauchten, wurden sie von
ihrem Vater nicht als anmutige Boten begrüßt, im Gegenteil, sie wurden ausge-
20 schimpft, weil sie so spät kamen. Wenn Vesperzeit war, hatte der Kaffee auf die
Minute pünktlich da zu sein.
    „Ja, jetzt wird uns aber ein Schlückchen gut tun", sagte Alfred, der Michels Vater
auf andere Gedanken bringen wollte. Wenn du jemals an einem warmen August-
tag in der Gegend von Lönneberga bei einer Kaffeepause draußen auf dem Acker
25 dabei gewesen wärest, dann wüsstest du, wie schön man es hatte, wenn man in
einem besonnten Steinhaufen zusammensaß, redete und Kaffee trank und Butter-
brote aß und sich ausruhte. Aber Michels Vater war immer noch wütend, und
es wurde nicht besser, als er den Korb an sich riss und den Deckel hob. Denn
da sprang der Frosch genau auf ihn zu und verschwand in seinem Hemd, das er
30 der Hitze wegen über der Brust aufgeknöpft trug. Der kleine Frosch hatte kalte
Füße, und das fand Michels Vater ekelhaft. Vor Unbehagen schlug er mit den
Armen um sich. Dabei traf er die Kaffeekanne, und die stürzte um. Unheimlich
schnell hob Michel sie auf, sodass nur wenig Kaffee auslaufen konnte. Der Frosch

war nicht zu sehen. Der war vor lauter Verzweiflung hinunter in die Hosen von
35 Michels Vater gerutscht, und als der das spürte, wurde er vollkommen wild.
Er stieß mit den Beinen um sich, er wollte den Frosch aus dem Hosenbein schütteln, aber unglücklicherweise war die Kaffeekanne wieder im Weg. Sie bekam einen
Stoß und fiel um. Wäre nicht Michel gewesen, der sie schnell aufrichtete, dann
hätten sie eine Kaffeepause ohne Kaffee gehabt, und das wäre traurig gewesen.
40 Dem Frosch war wirklich nicht daran gelegen, dort zu bleiben, wo er war. Er
schlüpfte also aus dem Hosenbein heraus, und Michel packte ihn. Michels Vater
war aber immer noch wütend. Er glaubte, das mit dem Frosch sei einer der
üblichen Streiche von Michel, und das war es doch nun wirklich nicht.

Astrid Lindgren

Astrid Lindgren

Astrid Lindgren wurde am 14. November 1907
im schwedischen Småland geboren.
Sie wuchs zusammen mit ihren Geschwistern
auf einem Bauernhof in der Nähe von
Vimmerby auf. Das ist ein kleiner Ort in
Schweden. Dort spielen auch Szenen aus
Michels Abenteuern.

Astrid Lindgren erzählt in ihren Büchern
vieles von dem, was sie als Kind erlebt hat.
Ihre Kindheit kann mit der der Kinder in
Bullerbü verglichen werden. Sie schreibt einfühlsam und humorvoll über
die Erlebnisse ihrer Helden. Diese sind meist gewitzt, einfallsreich und schlagen
oftmals auch über die Stränge.

Viele ihrer Bücher wurden weltberühmt und in über fünfzig Sprachen übersetzt,
wie zum Beispiel: „Pippi Langstrumpf", „Meisterdetektiv
Kalle Blomquist", „Karlsson vom Dach",
„Ronja Räubertochter"
oder „Mio, mein Mio".
Astrid Lindgren setzte
sich auch für den
Tierschutz ein.
Am 28. Januar 2002
starb sie in Stockholm.

AH S. 70

Der Fuchs und die Trauben

An einer hohen Mauer rankte sich ein Rebstock entlang. An diesem wuchsen die wundervollsten, saftigsten Trauben. Das sah ein hungriger Fuchs und gierig machte er sich daran, die Trauben zu erreichen.

Er sprang so hoch er konnte, aber er kam nicht an sie heran. Er nahm Anlauf und versuchte noch höher zu springen. Schließlich versuchte er sogar, die Mauer zu erklettern. Aber alles war umsonst. Die Trauben hingen zu hoch. Da sagte der Fuchs verächtlich: „Die Trauben sind mir sowieso viel zu sauer!"

Er machte ein hochmütiges Gesicht und ging davon.

nach Äsop

● Warum sagt der Fuchs,
  die Trauben seien zu sauer?

Äsop

Äsop (griechisch „Aisopos") war ein griechischer Fabeldichter. Die ihm zugeschriebenen Fabeln gehen wahrscheinlich auf mündliche Überlieferungen zurück. Sein Werk ist nur in späteren Überarbeitungen erhalten. Anhand der Tiere macht Äsop Aussagen über politische oder moralische Werte der Menschen. Der Überlieferung nach war Äsop ein Sklave. Er lebte vermutlich Mitte des 6. Jahrhunderts v. Chr. und starb auf der Insel Samos.

AH S. 71

Die Geschichte der Kartoffel

Die ursprüngliche Heimat der Kartoffel ist Peru. Die Inkas bauten
die Kartoffelpflanze dort schon vor 8000 Jahren an. Sie kannten
bereits viele verschiedene Kartoffelsorten. Durch Trocknen machten
sie die Kartoffeln haltbar und konnten sie so das ganze Jahr über
verzehren.

5 Als die Spanier um das Jahr 1600 nach Südamerika kamen,
lernten sie die Pflanze kennen. Sie brachten die Kartoffel auf
ihren Schiffen mit nach Europa. Hier wusste man zunächst nichts
mit dieser Pflanze anzufangen. Da sie aber recht hübsche Blüten
hat, wurde sie in Ziergärten angebaut. Sie diente der Dekoration
10 von Festtafeln und auch die Damen schmückten sich mit ihr.
Damals warnten sogar Mediziner davor, die Kartoffel zu essen,
da sie giftig sei. Dies trifft aber nur für die grünen Früchte
über der Erde zu.
Der preußische König Friedrich II. erkannte, dass die Kartoffel
15 nicht nur nahrhafter als Getreide war, sondern dass ihr Anbau
auch größere Erträge bringen würde. In seinem Land hatten
viele Kriege stattgefunden und die Bevölkerung litt oft unter
großem Hunger. So schickte der König seine Soldaten mit
Kartoffelsäcken über das Land. Sie erklärten den Bauern,
20 welchen Teil der Kartoffel man ernten sollte. Außerdem wiesen
die Soldaten darauf hin, dass man die Kartoffel nur gekocht
essen durfte. Aber die Bauern ließen sich nicht überzeugen.

Deshalb überlegte sich der König eine List. Er ließ in einigen
Gegenden von seinen Soldaten Kartoffelfelder anlegen und diese
25 streng bewachen. Das weckte die Neugier der Bevölkerung.
Schließlich musste es sich um eine sehr wertvolle Pflanze handeln,
wenn sie sogar einen königlichen Wachschutz erhielt.
Zwar verschwanden über Nacht einige Kartoffelpflanzen,
aber das Interesse, sie zu essen, war immer noch gering.
30 Die Mehrzahl der Menschen lehnte ihren Genuss weiterhin ab.

Um dies endgültig zu ändern, erließ der König im Jahr 1756
den „Kartoffelbefehl". Dieser besagte, dass jeder Bauer,
der keine Kartoffeln anbaue, bestraft werde.
So begann der Siegeszug der Kartoffel.

35 Heute ist die Kartoffel als Grundnahrungsmittel nicht mehr
wegzudenken. Wir essen sie als Pommes frites, Püree, Reibekuchen,
in der Suppe und …
Aufgrund der besonderen Bedeutung der Kartoffel für unsere
Ernährung erklärte die UNO 📖 das Jahr 2008 zum
40 „Internationalen Jahr der Kartoffel".

● Weshalb war es so schwierig, die Bauern zum Anbau
der Kartoffel zu bewegen?

● Beschreibe, welche Wege König Friedrich II. ging,
um den Anbau der Kartoffel durchzusetzen.

178

AH S. 72

Pommes frites

Pommes frites sind für uns heute etwas Alltägliches.
Erfunden wurden sie jedoch aus einer Notlage heraus.
Um das Jahr 1680 herrschte in Belgien ein besonders kalter Winter.
Die Seen und Flüsse waren zugefroren, so dass die Bewohner keine
Fische mehr angeln konnten. Das bedeutete, sie mussten auf ihre
Lieblingsspeise verzichten, die etwa fingerlangen Fischchen,
die sie in Öl frittierten.
Da hatte ein findiger Gastwirt eine Idee: Er schälte eine Menge
Kartoffeln, schnitt sie in etwa die gleiche Form wie die Fischlein und
frittierte sie.
Diese servierte er dann seinen Gästen anstelle der Fische.
Denen schmeckte die neue Speise so gut, dass sie von nun an als
„pommes frites", also frittierte Kartoffeln, ihren Siegeszug um die
ganze Welt antrat.

Kartoffelsuppe

Zutaten: 3 Möhren
ein Viertel Sellerie
2 Stangen Lauch
750 g Kartoffeln
2 El Öl
1,5 l Gemüsebrühe
Salz, Pfeffer, Muskatnuss, Majoran

1. Gemüse putzen, klein schneiden
2. Kartoffeln schälen, in Würfel schneiden
3. Gemüse in Öl drei Minuten dünsten, mit Gemüsebrühe auffüllen
4. Kartoffelstücke zugeben, salzen
5. Bei mittlerer Hitze etwa 20 Minuten garen
6. Mit Pfeffer, Muskatnuss und Majoran abschmecken

Guten Appetit!

Winter

Wenn es Winter wird

Der See hat eine Haut bekommen,
sodass man fast drauf gehen kann,
und kommt ein großer Fisch geschwommen,
so stößt er mit der Nase an.

Und nimmst du einen Kieselstein
und wirfst ihn drauf, so macht es klirr
und titscher – titscher-titscher-dirr …
Heißa, du lustiger Kieselstein!

Er zwitschert wie ein Vögelein
und tut als wie ein Schwälblein fliegen –
doch endlich bleibt mein Kieselstein
ganz weit, ganz weit auf dem See draußen liegen.

Da kommen die Fische haufenweis
und schaun durch das klare Fenster von Eis
und denken, der Stein wär' etwas zum Essen;
doch so sehr sie die Nase ans Eis auch pressen,
das Eis ist zu dick, das Eis ist zu alt,
sie machen sich nur die Nasen kalt.

Aber bald, aber bald
werden wir selbst auf eignen Sohlen
hinausgehen können und den Stein wieder holen.

Christian Morgenstern

Es ist ein Elch entsprungen

Zur Adventszeit singen und musizieren wir, daher befanden wir uns im Wohnzimmer: Kiki saß am Klavier, Mama spielte die Blockflöte und ich war für den Gesang zuständig. Ich habe einen besonders schönen Knabensopran.

Es duftete nach den Orangenschalen, die Mama auf die Heizung gelegt hatte.

5 In den Fensterscheiben spiegelte sich warmer Kerzenglanz und draußen schwebten leise und sacht dicke Schneeflocken zur Erde. Ich fühlte mich sehr vorweihnachtlich. „Vom Himmel hoch, o Englein kommt", sang ich.

Mama setzte die Blockflöte ab und krähte fröhlich: „Eia, eia, susani, susani!"

Es waren nicht die Englein, die vom Himmel kamen, es war Mr. Moose. Ein

10 ohrenbetäubendes Krachen ertönte und im nächsten Augenblick stürzte er auch schon durch die Zimmerdecke. Genauer gesagt stürzte er erst durch das Hausdach und dann durch die Zimmerdecke. Der Boden unter unseren Füßen vibrierte. Ich hörte Mama und Kiki schreien.

In einem Hagel aus Backsteinen und Dachziegeln landete ein großes braunes

15 Ding auf Søren und verwandelte ihn in Kleinholz. Søren war unser Wohnzimmertisch von IKEA. Der Adventskranz und die Kokosplätzchen, die sich auf ihm befunden hatten, mussten auch dran glauben.

Um die Kokosplätzchen war es nicht schade. Oma hatte sie gebacken und mit der Post geschickt und wie immer waren sie angebrannt. Jedes Jahr verwendet

20 Mama sie bis kurz vor Heiligabend als Dekoration, dann verfüttern Kiki und ich die Kokosplätzchen an die Enten im Stadtpark. Wenn Oma über Weihnachten zu Besuch kommt, müssen wir erzählen, sie hätten uns köstlich geschmeckt. Ich lüge nicht gerne, aber man muss auch an die Enten denken.

„Mein Gott, was ist das?", flüsterte Mama, als der Staub sich gelegt hatte.

25 Das große braune Ding lag bewegungslos inmitten des Gerölls, der zersplitterten Reste von Søren und der Plätzchenkrümel. Es hatte ein Geweih und vier lange Beine, die in alle Himmelsrichtungen abstanden.

„Das ist ein Elch", sagte Kiki. „Und zwar ein Männchen." Damit war sie mal wieder fein raus. Sie hatte bewiesen, dass auf ihr Allgemeinwissen in Krisensitua-

30 tionen Verlass war. Wahrscheinlich würde sie dafür ein zusätzliches Weihnachtsgeschenk bekommen. Wenn man eine ältere Schwester hat, kann das Leben sehr ungerecht sein.

Das Geweih des Elches war wie mit weichem Samt überzogen. Es fühlte sich kalt und warm zugleich an.

35 „Bertil Wagner, lass die Finger von diesem Vieh!", befahl Mama.

Ich zog die Hand zurück. Mama hat Angst vor Flöhen und Läusen, deshalb darf ich auch keinen Hund haben.

„Woher weißt du, dass es ein Männchen ist?", fragte sie Kiki. „Elchkühe tragen kein
Geweih", erklärte meine Schwester. „Ach ja", sagte Mama und nickte. „Natürlich."

40 Mama sah zu dem großen, dunklen Loch in der Decke hinauf, von dessen Rändern
immer noch Putz herabrieselte. „Können Elche fliegen?", fragte sie misstrauisch.
„Nein", sagte Kiki. „Sie können auch nicht bergsteigen, tauchen oder Tennis
spielen. Und sprechen können sie auch nicht."
Als hätte er auf diesen Moment gewartet, öffnete der Elch die Augen. „Das ist

45 falsch, Kleines!", brummte er. „Ich beherrsche fünf Sprachen, und zwar fließend."
„Na gut", gab Kiki ungerührt zurück. „Aber dafür haben Sie auch einen amerikani-
schen Akzent!" Sie hasst es, wenn sie nicht das letzte Wort hat.
Mama stand kerzengerade, als hätte sie soeben ihre Blockflöte verschluckt. Ihr
Mund ging auf und wieder zu. Sie war es einfach nicht gewöhnt, dass sprechende

50 Elche auf ihr Haus stürzten.
„Mein Name ist Mr. Moose", stellte der Elch sich vor. Seine Stimme war so samten
wie sein Geweih. „Aus der Familie der Cervidae."
Er erhob sich und wurde groß und größer. Mein Kopf reichte nur knapp bis an
seinen Hals, von dem eine zottelige Troddel herabhing wie ein Bart.

182

55 „Cervidae sind Wiederkäuer, die jährlich ihr Geweih wechseln", erklärte Kiki, ohne
   dass jemand sie danach gefragt hätte.
   „Natürlich", sagte Mama schon wieder.
   „Wie zum Beispiel auch Rentiere", fügte Kiki hinzu. „Natürlich", sagte Mama zum
   dritten Mal.
60 Mr. Moose duckte sich und zog den Kopf ein. „Ist etwa eines von diesen Biestern
   hier?", schnaubte er laut. „Natürlich nicht!", sagte Mama. „Wenn Sie jetzt so
   freundlich wären uns zu erklären, wie Sie hier gelandet sind?"
   Ich bewunderte sie sehr. Sie war sogar höflich zu Gästen, die ihr Wohnzimmer
   in ein Trümmerfeld verwandelt und Søren auf dem Gewissen hatten.
65 „Abgeschmiert", antwortete Mr. Moose. „Über Irland hat es mich aus der Kurve
   gehauen." „Sie sind über Irland herumgeflogen?" „Das eigentliche Ziel war Skan-
   dinavien. Der Unfall ereignete sich beim Abbiegen."
   „Von Irland bis hierher ist es sehr weit." „Die Fliehkraft", schaltete Kiki sich ein.
   „Er muss ein ziemliches Tempo draufgehabt haben." Ich fand es wirklich peinlich,
70 wie sie mit ihrem Wissen vor Mr. Moose herumprotzte. Mama bat sie ihre Kamera
   zu holen, um Mr. Moose und die Absturzstelle für die Versicherung zu foto-
   grafieren. „Es ist mir höchst unangenehm, einer so gut aussehenden Frau auf das
   Dach zu fallen, Madam", sagte Mr. Moose galant. „Der Chef wird natürlich für
   die entstandenen Schäden aufkommen." Der Chef? …
75 An diesem Abend gingen wir alle spät ins Bett. Obwohl ich sehr müde war, konnte
   ich nicht einschlafen …
   Als ich sicher war, dass Mama und Kiki schliefen, nahm ich meine Taschenlampe,
   zog Mantel und Stiefel an und stapfte durch den verschneiten Garten zur Garage.
   Mr. Moose war ebenfalls noch wach. Er blinzelte ins Licht der Taschenlampe.
80 Um sein linkes Bein waren drei bunte Handtücher gewickelt. „Ich habe eine Frage,
   Mr. Moose", sagte ich. „Die beantworte ich dir, wenn du mich vorher hinter dem
   rechten Ohr kratzt, kleiner Junge", sagte er. „Mr. Moose", sagte ich. „Wer ist der
   Chef?"

Andreas Steinhöfel

- Was glaubst du, wer „der Chef" ist?

- Was könnten Bertil und seine Familie
  mit Mr. Moose noch erleben?

- Wie wird der Weihnachtsmann in anderen Ländern
  genannt? Finde so viele Bezeichnungen wie möglich.

Kerzen

Kerzen verbreiten nicht nur in der Weihnachtszeit ein gemütliches, warmes Licht und helfen den Menschen zur Ruhe zu finden. Außerdem werden sie bei besonderen Anlässen angezündet.

Im Vorderen Orient wurden die ersten Kerzen schon vor über 3000 Jahren erfunden. Hierbei handelte es sich um Formen aus Stroh oder Hanf. Diese wurden in Fett oder Harz getaucht, was beim Verbrennen zu einem unangenehmen Gestank führte.
Im Mittelalter gab es in den Kirchen und Fürstenhäusern die ersten Kerzen aus wohlriechendem Wachs. Dagegen konnten sich die einfachen Menschen nur Kerzen aus stark riechendem Material wie Talg leisten.

Erst im 19. Jahrhundert entwickelte ein französischer Chemieprofessor ein Verfahren zum Herstellen von Kerzen aus Stearin und einem gewickelten Docht. Nun wurden Kerzen für alle Menschen bezahlbar und verbreiteten sich schnell.
Heutzutage finden wir eine große Auswahl an Kerzenarten wie Tafelkerzen, Teelichter, Duftkerzen oder Schwimmkerzen.
Bei der Kerzenherstellung unterscheidet man mehrere Verfahren wie das Ziehen, Gießen, Tauchen oder Pressen.

- Wann zündet ihr Kerzen an?

- Erkundige dich über die verschiedenen Arten der Kerzenherstellung.

- Ihr könnt in der Klasse eine Kerzenausstellung aufbauen.

AH S. 74

Was brennt in der Kerze?

Viele glauben, dass es der Docht allein ist, der die Kerze zum Leuchten bringt. Doch wenn man nur einen losen Docht entzündet, merkt man, dass dieser schnell verbrennt und auch keine richtige Flamme bildet.

Zündet man den Docht an einer Kerze an, brennt dieser eine kurze Zeit und erwärmt dadurch das Wachs der Kerze. Das Wachs am Fuß des Dochtes wird flüssig und steigt in ihm auf. An der Spitze des Dochtes verdampft das Wachs. Dabei entstehen winzige Kohlenstoffteile, die beim Verbrennen hell glühen. Durch die entstehende Hitze steigt immer wieder Wachs auf. Dieser Vorgang wiederholt sich, bis man die Kerze ausbläst oder das Wachs bzw. der Docht verbrannt ist.

● Erkläre mit eigenen Worten, warum eine Kerze brennt.

Ertrinkt die Kerzenflamme?

Du brauchst: Tafelkerze, Schüssel, Wasser, Streichhölzer.

– Befestige zunächst die Kerze mit flüssigem Wachs am Schüsselboden.
– Fülle die Schüssel nun bis knapp unter den Kerzenrand mit Wasser.
– Zünde nun die Kerze an.
– Beobachte die Kerze beim Abbrennen.

● Vermute, was mit der Kerzenflamme passiert, wenn sie bis zum Wasserrand heruntergebrannt ist.

● Führe den Versuch durch. Kannst du deine Beobachtung erklären?

Am Schneesee

Es war einmal ein See, der war immer voll Schnee, darum nannten ihn alle Leute nur Schneesee. Um diesen Schneesee wuchs Klee, der Schneeseeklee, der wuchs rot und grün, und darin äste 📖 ein Reh, das Schneeseekleereh, und dieses Schneeseekleereh wurde von einer Fee geliebt, die fast so schön war wie Scheherezade, der überaus anmutigen Schneeseekleerehfee.

Diese Fee hatte, wie alle Feen dieser Gegend, sechsundsechzig Zehen, fünfundsechzig zum Gehen und einen zum Drehen, und dieser sechsundsechzigste Zeh war natürlich der Schneeseekleerehfeedrehzeh. Zehendrehen macht schrecklich Spaß, doch einmal drehte die Fee im Übermut ihren Zeh zu sehr, und da tat der Drehzeh schrecklich weh.

Zum Glück wohnte am Schneesee eine weise Frau.

Die weise Frau, eine Heckenhexe mit zwei schrecklichen Hackenhaxen, hockte gerade vor einer Hucke 📖 Kräutern, als die kleine Fee gehumpelt kam.

„Guten Tag, beste Heckenhexe mit den Hackenhaxen!"

„Guten Tag, nette Schneeseekleerehfee mit den sechsundsechzig Zehen! Doch was seh ich: Du humpelst? Was hast du denn?"

Da antwortete die Schneeseekleerehfee: „Schneeseekleerehfeezehweh!"

„Gehzehweh oder Drehzehweh?"

„Drehzehweh!"

„Dann ist es nicht schlimm: Gehzehweh ist zäh und hält sich, doch Drehzehweh kommt und vergeht jäh – und wodurch vergeht es? Natürlich durch der Heckenhexe herrlichsten Tee, den hellgelben Schneeseekleerehfeedrehzehwehtee! Und einen solchen Schneeseekleerehfeedrehzehwehtee werde ich dir jetzt brauen."

Die Heckenhexe mit den Hackenhaxen nahm Blätter von sieben mal sieben Bäu
25 men und Blüten aus sieben mal sieben Träumen und brachte sie mit Milch aus sieben Eutern und Wurzeln von sieben Kräutern zum Schäumen, und als der Sud sich abgeklärt hatte, wallte im Kessel der hellgelbe Tee.

Na, wenn der nicht bitter schmeckte!

„Trink das, nette Schneeseekleerehfee!"
30 „Auf einen Zug, beste Heckenhexe?"
„Auf einen Zug, nette Schneeseekleerehfee!"

Da trank die Schneeseekleerehfee auf einen Zug den Schneeseekleerehfeedrehzehwehteekessel aus, und als der Schneeseekleerehfeedrehzehwehteekessel ausgetrunken war, hatte der hellgelbe Schneeseekleerehfeedrehzehwehtee das Schneesee
35 kleerehfeedrehzehweh aus dem Schneeseekleerehfeedrehzeh der Schneeseekleeehfee weggehext, und da stieß die glückliche Fee ein lautes Juchhe aus, das rings durch alle Wälder schallte. „Ich danke dir, beste Heckenhexe!"

„Ist schon gut, du nette Schneeseekleerehfee. Nun dreh aber nicht mehr so toll deinen kleinen Drehzeh!"
40 „Werd's bedenken, beste Heckenhexe!"
„Lerne, lerne, nette Rehfee!"

Und die Schneeseekleerehfee lief auf ihren fünfundsechzig Schneeseekleerehfeegehzehen von der Heckenhexe mit den Hackenhaxen in der Hocke vor der Hucke in den Wald zurück und freute sich ganz toll, dass das brennende Schneeseeklee
45 ehfeedrehzehweh durch den hellgelben Schneeseekleerehfeedrehzehwehtee aus dem Schneeseekleerehfeedrehzeh weggehext war, und sie lachte und klatschte in die Hände und freute sich und streichelte sacht mit ihrem sechsundsechzigsten Zeh, dem Drehzeh, das Schneeseekleereh im Schneeseeklee am See voll Schnee.

Franz Fühmann

- Worin liegt der Witz der Geschichte?

- Lest gemeinsam die zusammengesetzten Nomen.

- In welcher Zeile findest du das längste zusammengesetzte Nomen? Schreibe das Nomen und die Zeilennummer auf. Zerlege es in seine Teile.

Frühling

Er ist's

Frühling lässt sein blaues Band
wieder flattern durch die Lüfte,
süße, wohl bekannte Düfte
streifen ahnungsvoll das Land.

Veilchen träumen schon,
wollen balde kommen.
– Horch, von fern ein leiser Harfenton!
Frühling, ja du bist's!
Dich hab ich vernommen.

Eduard Mörike

Endlich

Endlich ist es wieder Frühling.
Zieht schnell eure Jacken aus!
Seht, die Wolken ziehen weiter
und die Sonne kommt heraus!

Vögel singen Frühlingslieder
und der erste Kuckuck ruft.
Draußen blühn die ersten Blumen.
Frühlingsduft liegt in der Luft.

Wisst ihr, Freunde, dass ich heute
schon die erste Biene sah?
Endlich ist es wieder Frühling,
ja, jetzt ist er endlich da!

Über Nacht ist er gekommen,
durch die Täler, über Höh´n.
Leute, kommt mit mir nach draußen!
Draußen ist es wunderschön!

Rolf Krenzer

Schneeglöckchen

Schneeglöckchen, ei, bist du schon da?
Ist denn der Frühling schon so nah?
Wer lockte dich hervor ans Licht?
Trau doch dem Sonnenscheine nicht!
Wohl gut er's eben heute meint,
Wer weiß, ob er dir morgen scheint?
„Ich warte nicht, bis alles grün;
Wenn meine Zeit ist, muss ich blühn."

Hugo von Hofmannsthal

Das Schneeglöckchen gehört zu den ersten Frühlingsboten. Es wächst aus einer Zwiebel, in der alle Nährstoffe enthalten sind, die es zum Wachsen braucht. Sobald die Sonne den Boden erwärmt und Wasser an die Wurzeln dringt, treibt es aus.

Mit seinem schmalen Stängel und seinen spitzen Blättern kann es den gefrorenen Boden durchdringen. So beginnt es oft schon im Februar zu blühen, obwohl der letzte Schnee noch nicht geschmolzen ist. Andere Frühblüher, die aus einer Zwiebel wachsen, sind Krokus, Narzisse und Hyazinthe.

- Um welche beiden Textsorten handelt es sich hier? An welchen Merkmalen kannst du es erkennen?

- Stelle die Textstellen mit gleichen Aussagen in einer Tabelle gegenüber.

AH S. 75

Schmetterlinge

In alter Zeit mochten die Menschen keine Schmetterlinge. Man glaubte, sie seien böse Geister, die den Rahm von der Milch stehlen wollten. „Schmetten" ist ein altes Wort, mit dem Rahm oder Butter bezeichnet wurde. Im Mittelalter wurde der Schmetterling auch „Schmantling" genannt, was so viel wie „Rahmlecker" bedeutet. Auch in England war dieser Glaube sehr verbreitet. Dort heißt Schmetterling „butterfly" – zu Deutsch Butterfliege. Heute weiß man, dass Schmetterlinge nur Blütensaft trinken und die Raupen der Schmetterlingsarten ganz bestimmte Futterpflanzen brauchen.
So entwickeln sich einige Tagfalter nur auf Brennnesselblättern.

Ich falte Zitronen – bin ich jetzt ein Zitronenfalter?

Zitronenfalter
- Aussehen:
  Männchen gelb,
  Weibchen grünlich-weiß,
  Raupe grün
- Futterpflanze: Maulbeerbaum
- Überwinterung: in Laubhaufen
- Vorkommen:
  überall in Deutschland

Kleiner Fuchs
- Aussehen:
  Rostbraun mit schwarz-gelb-weißer Zeichnung, Männchen kleiner als Weibchen, Raupe dunkel mit gelben Längsstreifen
- Futterpflanze: Brennnessel
- Überwinterung: auf Dachböden
- Vorkommen:
  überall in Deutschland

○ Du kannst Steckbriefe für weitere Schmetterlinge anlegen.

AH S. 76

Das Tagpfauenauge

Im Frühling suchen die Schmetterlinge die richtige Raupenfutterpflanze. Dort legen sie ihre Eier ab.
Das Tagpfauenaugenweibchen legt seine Eier auf Brennnesselblättern ab und fliegt davon.

Nach etwa zehn Tagen schlüpfen aus den Eiern kleine Raupen. Diese fressen etwa vier Wochen lang die Brennnesselblätter. Die Raupen werden immer dicker und müssen sich deshalb mehrmals häuten.

Danach verwandeln sie sich in Puppen. Diese hängen etwa zwei Wochen lang an Pflanzenstängeln. Währenddessen vollzieht sich im Innern die Verwandlung zum Schmetterling, der dann aus der Puppe schlüpft.

Das Tagpfauenauge kann an geschützten Orten überwintern. Im Spätherbst zieht es sich dazu in dunkle, feuchte Winkel zurück. Im Frühling weckt die Sonne den Schmetterling aus seiner Winterstarre …

- ● Beschreibe mit eigenen Worten die Entwicklung des Tagpfauenauges. Als Hilfe kannst du die Entwicklungsschritte skizzieren.

- ○ Du kannst einen Schmetterling in Falttechnik mit Wasserfarben gestalten.

Ein vierbeiniges Osterei

Das Osterfest hatte den Winter endgültig verbannt. Die Sonne wärmte. Bunt blühten die Frühlingsblumen. Es war ein wahres Osterwetter. Natürlich hatte Uli am Vormittag die Ostereier gesucht, die die elterlichen Hasen im Garten versteckt hatten. Am Nachmittag hatten die Eltern mit

5 Oma und Opa einen Waldspaziergang vor. Sie liebten Osterspaziergänge, dann wurden sie an ihre Kindheit erinnert. Uli liebte diese Spaziergänge nicht, aber der Vater hatte ihn scharf angesehen und geflüstert: „Verdirb ihnen nicht die Freude!"

„Schon gut", hatte Uli zurückgeflüstert. Oma versteckte auf solchen Spa-

10 ziergängen Ostergeschenke und sagte dann, ich weiß nicht, hier riecht es so komisch nach Ostern, findet ihr nicht? Sie fanden dann auch etwas. Einmal war es ein Taschenmesser mit sieben Klingen, ein andermal ein Kompass. Sehr brauchbare Dinge. Was würde es diesmal sein?

Allein mit Erwachsenen spazieren gehen ist langweilig. Da sagte Oma

15 schon: „Ich weiß nicht, hier riecht es so komisch."
Uli schlug sofort einen Bogen um Oma und bückte sich. „Ein Nougatei!"
Nougateier mochte Uli. Sie schme-
ckten süß und klebrig.
Plötzlich hörte Uli etwas.

20 Die Großen hörten nichts, sie redeten
miteinander.
Was war das für ein Ton?
Ein Wimmern? Ein Heulen?
Uli verließ den Weg und kletterte

25 bergan. „Wo willst du hin?", rief die
Mutter. Uli hatte keine Ohren dafür.
Das Wimmern und Heulen wurde
deutlicher. Auf der Bergkuppe sah
Uli etwas Weißes.

30 Unwillkürlich blieb er stehen. Was
war das? Trotzdem ging er vorwärts,
und dann sah Uli den großen weißen
Hund mit den schwarzen Flecken.

Er war mit einem Strick an einem
35 Baum festgebunden.
Abgemagert war der Hund.
Er wimmerte, und er wedelte mit
dem Schwanz.
Uli rannte auf ihn zu, hockte sich
40 hin und streichelte ihn.
„Vati, Mutti!", rief Uli.
Die Eltern kamen angestürzt.
„Ist was passiert?"
„Hier", sagte Uli und zeigte auf
45 den Hund. Dann standen alle fünf
um ihn herum. „Eine Gemeinheit",
sagte der Vater leise. „Wer kann so
. etwas tun?", fragte die Mutter.
„Tierquäler!!", sagte Opa, und Oma
50 war stumm vor Schreck.
Uli band den Hund los.
Sie nahmen ihn mit nach Hause.
Dort bekam er zu fressen, zuerst
nur wenig, dass sein Magen es auch
55 ertrug. Der Hund erholte sich
schnell. Uli taufte ihn Arko. Er ist
sein bester Freund. Ein vierbeiniges
Osterei! Das hatte Uli noch nie
bekommen. Wirklich, dachte er,
60 Oma und Opa sind mit den Oster-
spaziergängen immer für Überra-
schungen gut.

Hildegard und Siegfried Schumacher

● Woher könnte Arko kommen?

● Wie verändert sich Ulis Leben durch Arko?

Sommer

Ein Tag in freier Natur

„Immer hockt die Göre vor dem Fernseher!", schimpfte Papa. „Als ich so alt war, da war ich von morgens bis abends draußen. Schluss mit der Glotze!" Und zum Zeichen, dass es ernst war, haute Papa mit der Faust auf den Tisch. Danach verzog er sein Gesicht und rieb sich die Hand. „Morgen machen wir
5 einen Ausflug!"

„Wasch erst mal das Auto", sagte Mama. „Wie das aussieht!"

„Auto!", regte sich Papa auf. „Wir fahren mit dem Rad!"

„Mit dem Rad?", fragte Mama. „Mit unseren Fahrrädern!", bekräftigte er.

„Mamas Rad steht schon ewig auf Latschen", sagte Loni, „und bei deinem
10 ist die Sattelfeder gebrochen."

„Bring ich in Ordnung", sagte er.

„Wollen wir nicht lieber …"

„Mit dem Rad!", entschied Papa. „Keine Widerrede!"

Am Vormittag reparierte Papa die Drahtesel. Loni musste helfen, obwohl ihr
15 Rad in Ordnung war, weil sie es täglich zur Schule brauchte. Für Mamas Rad fanden sich zwei Ersatzschläuche, und der Nachbar hatte noch einen alten Rennsattel.

„Schnittig!", stellte Papa fest.

„Auf zum Langen See!", rief Papa nach dem Mittagessen. Er hörte sich sehr
20 unternehmungslustig an. Als Familienoberhaupt fuhr er vorneweg, Mama folgte, und Loni machte das Schlusslicht. Papa auf seinem Rennsattel legte ein scharfes Tempo vor. Zu scharf! Mama tauschte mit Loni den Platz. Nachdem sie einen mittelprächtigen Berg bezwungen hatte, blickte Loni sich um.

25 „Mama hat abreißen lassen!" Papa wendete mit einer kühnen Kurve, und
Loni wartete am Chausseegraben. Nach einer Weile näherte sich Mama,
von Papa kräftig angeschoben.

„Ihr fehlt das Training", sagte er zu Loni. Kurz darauf ließ Mama erneut
abreißen. „Hol du sie, Mädel", meinte Papa. „Ich bau mal am Sattel."

30 Der ist ihm sicher zu schnittig, dachte Loni. Als Mama ankam, stieg sie ab
und sagte: „Ich fahr keinen Zentimeter weiter, meine Beine sind schwer
wie Blei."

„Bis zum Poggenpfuhl", schlug Loni vor, „hundert Meter."

Dort waren ihre Freundinnen und badeten. Für Loni wurde es ein wunder-
35 barer Nachmittag. Die Eltern hatten mit sich zu tun.

Auf der Rückfahrt sagte Mama dauernd, dass sie nie wieder eine Radtour
machen würde, und Papa bemerkte schließlich, sie seien wohl aus den
Rädern herausgewachsen. Loni sah es genau, der schnittige Sattel war ihm
nicht bekommen.

40 Die Eltern gingen bald zu Bett. Loni machte sich einen gemütlichen Fernsehabend. So viel sie wollte, schaltete sie um, und als weit nach Mitternacht
noch Dracula zubiss, bedauerte sie ehrlich, dass es kaum eine Chance für
neue Radtouren geben würde.

Hildegard und Siegfried Schumacher

● Warum würde Loni gern weitere Radtouren machen, ihre Eltern
   aber nicht?

● Machst du manchmal Ausflüge mit dem Rad? Erzähle davon.

Das Gewitter

Hinter dem Schlossberg kroch es herauf:
Wolken – Wolken!
Wie graue Mäuse,
ein ganzes Gewusel.
Zuhauf
jagten die Wolken gegen die Stadt.
Und wurden groß
und glichen Riesen
und Elefanten
und dicken, finsteren Ungeheuern,
wie sie noch niemand gesehen hat.

„Gleich geht es los!",
sagten im Kaufhaus Dronten
drei Tanten
und rannten heim,
so schnell sie
konnten.

Da fuhr ein Blitz
mit helllichtem Schein,
zickzack,
blitzschnell
in einen Alleebaum hinein.
Und ein Donner schmetterte hinterdrein,
als würden dreißig Drachen
auf Kommando lachen,
um die Welt zu erschrecken.
Alle Katzen in der Stadt
verkrochen sich
in die allerhintersten Stubenecken.

Doch jetzt ging ein Platzregen nieder!
Die Stadt war überall
nur noch ein einziger Wasserfall.
Wildbäche waren die Gassen.

Plötzlich war alles vorüber,
die Sonne kam wieder
und blickte vergnügt
auf die Dächer, die nassen.

Josef Guggenmos

Wie entsteht ein Gewitter?

Unsere Vorfahren hatten große Angst vor Gewittern. Sie glaubten, dass der Donner die laute Stimme eines mächtigen Wesens sei, das sie auf diese Art zurechtweisen würde.

Heute wissen wir ganz genau, wie Gewitter entstehen:

Da die Sonne große Mengen von Wasser verdunstet, entstehen Wolken. Im Sommer ballen sich besonders große Wolken zusammen.

Sie werden dunkel und bedecken mehr und mehr den Himmel. Auf diese Weise wird die warme Luft unterhalb der Wolken von der kühleren Luft oberhalb der Wolken getrennt. Durch den hohen Temperaturunterschied entsteht Wind. In der Gewitterwolke stoßen die Wassertropfen oder auch die Eiskristalle aneinander, da die schwereren Teilchen nach unten fallen und die leichteren nach oben schweben. Durch diese Reibung laden sich die Teilchen mit Elektrizität auf.

Diese entlädt sich in einem Blitz, der auf die Erde niederschlägt. Auf dem Weg nach unten erhitzt der Blitz die Umgebung, denn er ist etwa 30 000 Grad heiß. Da die heiße Luft sich ganz schnell ausdehnt, explodiert sie regelrecht. Dies ist als Donner zu hören.

- Bist du schon einmal von einem Gewitter überrascht worden? Erzähle.

- Erkläre wie ein Gewitter entsteht?

- Vergleiche das Gedicht mit dem Sachtext zum Gewitter.

Ich will hier raus!

Jeden Morgen bei Sonnenaufgang fliegt die Möwe Harriet am Strand entlang. Sie will gucken, was die Flut in der Nacht angespült hat.

Ganz nah am Wasser sieht sie eine Flasche. „Da ist doch etwas drin", sagt sie zu sich. „Etwas Grünes. Ich werde nachsehen."

Wirklich, in der Flasche sitzt ein grünes Tier mit roten Beinen.

Ein solches Tier hat Harriet noch nie gesehen.

„Wer bist du denn?", fragt sie.

Das Tier bewegt sein spitzes Maul, aber Harriet hört nichts.

Ich muss wohl erst den Korken rausziehen, denkt sie.

Der Korken sitzt ziemlich fest.

Aber Harriet schafft es doch.

„Danke", sagt das grüne Tier in der Flasche. „ich hab kaum noch Luft gekriegt." Es streckt seine Schnauze aus der Flasche, so weit es geht.

„Was machst du da drin?", fragt Harriet. Das grüne Tier atmet tief durch und fängt an zu erzählen:

„Als ich noch klein war, bin ich in die Flasche gestiegen. Bloß so. Denn da, wo ich herkomme, findet man selten Flaschen am Strand. Es ging auch ganz leicht. Ich war ja noch klein. Kaum war ich drin, da kam ein Junge. Er hat die Flasche aufgehoben und mich überhaupt nicht gesehen. Er hat etwas auf ein Stück Papier geschrieben, das Papier zusammengerollt und zu mir in die Flasche gesteckt. Mit einem Korken hat er die Flasche zugemacht und sie dann ins Meer geworfen.

Zuerst fand ich das schön, auf den Wellen zu schaukeln.

Aber ich bin ja noch gewachsen, und es wurde immer enger in der Flasche.

Was auf dem Zettel stand, weiß ich nicht. Ich kann ja nicht lesen.

Ich hab` den Zettel einfach aufgegessen, als ich es vor Hunger nicht mehr ausgehalten habe.

Jetzt bin ich bestimmt schon seit einer Woche in dieser blöden Flasche.

Ich will endlich raus. Ich will nach Hause."

Die Möwe Harriet überlegt nicht lange. „Zuerst müssen wir sehen, dass du aus der Flasche kommst", sagt sie, „ich hab` auch schon eine Idee. Und dann werden wir dich schon irgendwie nach Hause bringen."

Sabine Lohf/Hermann Krekeler

● Wie geht die Geschichte wohl weiter? Erzähle.

Der Brief der Fische

© Südverlag

AH S. 80

Kommasetzung

> Der **Begleitsatz** kann vor oder **hinter** der wörtlichen Rede stehen.
> Der **nachgestellte Begleitsatz** wird durch ein **Komma** vom Ge-
> sprochenen getrennt: „Hast du dich bei Lara entschuldigt?", **fragt**
> **die Lehrerin**. Am Ende des Aussagesatzes in der wörtlichen Rede
> wird der Punkt weggelassen. „Es tut mir leid", **sagt Tim**.

„Ich freue mich am meisten auf die Klassenfahrt" erklärt Jana. „Darf ich
im Etagenbett über dir schlafen?" fragt ihre Freundin Laura. „Frag mal
Frau Faber!" ruft Jana. „Wenn ihr abends nicht zu lange wach bleibt,
habe ich nichts dagegen" meint Frau Faber.

❶ Schreibe den Text ab, ergänze die Kommas und markiere sie farbig.

❷ Unterstreiche die Begleitsätze.

> Werden **Wörter oder Wortgruppen aufgezählt**, trennt man diese
> durch **Kommas**. Bei einer Aufzählung steht vor „**und**" oder „**oder**"
> **kein Komma**: Ich möchte mit anderen spielen, arbeiten, lachen
> **und** Ausflüge machen.

Für die Lehrerin sind das Wichtigste auf einer Klassenfahrt Wanderungen
Museumsbesuche Spieleabende und Ruhe während der Mahlzeiten. Die
Kinder denken eher an tolle Fußballspiele nächtliche Gesprächsrunden
gruselige Nachtwanderungen oder Streiche.

❸ Schreibe den Text ab, ergänze die Kommas und markiere sie farbig.

Musik hören   Freunde treffen   Sport treiben   auf dem Spielplatz toben

lange schlafen   Bücher lesen   Fußball spielen   ins Kino gehen

❹ Was tust du in deiner Freizeit? Bilde einen Satz mit Aufzählungen.
Die Wörter können dir helfen. Schreibe so: *In meiner Freizeit höre …*

> Sätze können durch **Konjunktionen** (Bindewörter) miteinander verbunden werden. Solche Konjunktionen sind zum Beispiel: **denn**, **weil** und **aber**. Vor diesen Konjunktionen steht ein Komma.

Tim ruft seine Freundin Jana an.	Er will sich mit ihr treffen.
Jana hat heute keine Zeit.	Ihre Mutter hat Geburtstag.
Sie fragt, ob er morgen kann.	Tim hat morgen schon etwas vor.
Sie wollen sich am Freitag treffen.	An diesem Tag haben beide Zeit.

5 Verbinde die Sätze durch die Konjunktionen weil , denn oder aber .

6 Markiere die Konjunktionen und die Kommas.

> Sätze mit „**Wenn** …, **dann** …" werden durch ein Komma getrennt: **Wenn** ihr konzentriert arbeitet, **dann** seid ihr schnell fertig.

Du verstehst etwas nicht.	Du kannst nachfragen.
Du kannst ein Wort nicht schreiben.	Du musst es nachschlagen.
Du willst ein Referat halten.	Du musst dich informieren.
Du trägst das Referat vor.	Du sprichst langsam und deutlich.

7 Verbinde die Sätze mit „Wenn …, dann …"
Schreibe so: *Wenn du etwas nicht verstehst, dann...*

8 Markiere die Konjunktionen und die Kommas.

9 Bilde eigene Sätze mit „Wenn …, dann …".

> Sätze, die durch die **Konjunktion dass** verbunden werden,
> trennt man durch ein Komma voneinander:
> Ich hoffe, **dass** es heute nicht regnet.
> Man schreibt nach dem Komma **das**, wenn man es durch
> **welches**, **jenes** oder **dieses** ersetzen kann:
> Ich lese ein Buch, **das** (welches) sehr spannend ist.

Lotta freut sich, ▨▨▨ sie mit ihrer Familie in den Zoo geht.
Dort sieht sie ein Tier, ▨▨▨ sie nur aus dem Fernsehen kennt.
Sie liest auf einem Schild, ▨▨▨ es ein Schnabeltier ist.
Ein Schnabeltier ist ein Säugetier, ▨▨▨ Eier legt.

❶ Setze dass oder das in die Sätze ein.
Schreibe die Sätze ab.

Satzglieder

> Ein Satz setzt sich aus Satzgliedern zusammen.
> Durch das **Umstellen von Satzgliedern** kann man
> **Texte abwechslungsreicher** gestalten.
> Durch **Ergänzen weiterer Satzglieder** kannst du einen
> **Sachverhalt genauer erzählen**.

Lotta kommt am nächsten Tag
aufgeregt in die Schule.
Lotta erzählt ihrer Freundin gleich
von dem Ausflug in den Zoo.
Sie hat auch viele Fotos von den Tieren gemacht.
Sie will im Kreis den anderen Kindern von
ihrem Erlebnis erzählen.
Sie will bald ein Referat über das Schnabeltier halten.

❷ Ändere die Satzanfänge. Schreibe die umgestellten Sätze auf.

Subjekt und Prädikat

> Auf die Frage **Wer?** oder **Was?** antwortet das **Subjekt**:
> Alle singen das Lied. **Wer** singt das Lied? **Alle** singen das Lied.

Die Klasse trifft sich mit einem Förster. Er berichtet über seine Arbeit und die Waldtiere. Häufig beginnt sein Arbeitstag schon sehr früh. Die Tiere lassen sich am besten am frühen Morgen beobachten.

❶ Schreibe die Sätze ab. Erfrage die Subjekte und unterstreiche sie farbig.

> Auf die Frage **Was tut jemand?** oder **Was geschieht?** antwortet das **Prädikat**: Alle singen das Lied. **Was tun** alle? Alle **singen**. **Prädikate** bestehen aus **zwei Teilen**, wenn sie aus einem **zusammengesetzten Verb** gebildet werden.
> Alle **singen** das Lied **mit**. (Grundform: *mitsingen*)

Die Kinder hören dem Förster interessiert zu. Am nächsten Tag schreiben sie ihre Eindrücke auf. Sie denken über ihre eigenen Berufswünsche nach.

❷ Schreibe die Sätze ab. Unterstreiche die zweiteiligen Prädikate.

> **Prädikate** bestehen aus **zwei Teilen**, wenn sie aus einem **Verb** und einem **Hilfsverb** wie **haben**, **wollen** oder **sollen** gebildet werden.
> Die Kinder **haben** über Berufe **gesprochen**.
> Sie **wollen** ihre Eltern **befragen**.

Die Kinder haben ihre Berufswünsche aufgeschrieben. Sie sollen diese auch begründen. Lea will später Tierärztin werden. Sie möchte kranke Tiere versorgen. Tim will Förster werden. Er möchte viel Zeit in der Natur verbringen.

❸ Schreibe die Sätze ab.
  Unterstreiche die Subjekte und Prädikate unterschiedlich.

Fälle

> Nomen können im Satz in vier verschiedenen Fällen stehen.
> Das Subjekt steht im **Nominativ** (1. Fall). Man erfragt
> den Nominativ mit der Frage **Wer?** oder **Was?** Die Kinder singen
> ein Lied. Wer singt ein Lied? **Die Kinder** (Subjekt im Nominativ)

Lara spielt gern Fußball. Ihre Freundin Kim liest lieber Bücher.

❶ Schreibe die Sätze ab. Erfrage und unterstreiche die Nomen,
die im Nominativ stehen.

> Auf die Frage **Wessen?** antwortet der **Genitiv** (Ergänzung im 2. Fall).
> Der Genitiv zeigt an, dass etwas zu einem Gegenstand oder einer
> Person gehört:
> Timos Freund heißt Lars. **Wessen** Freund heißt Lars? **Timos** Freund.

Morgen ist Laras Geburtstag. Kim kennt den größten Wunsch ihrer Freundin. Zusammen mit Anna und Kerstin kauft sie im Sportladen des Ortes einen Fußball. Das Geschenk der Mädchen begeistert Lara.

❷ Schreibe die Sätze ab. Erfrage und unterstreiche die Wörter im Genitiv.

> Auf die Frage **Wem?** antwortet das **Dativobjekt** (Ergänzung im
> 3. Fall): Timo liest seiner kleinen Schwester etwas vor.
> **Wem** liest Timo etwas vor? **Seiner kleinen Schwester.**

Tom will ▨▨▨ Hundefutter geben.　　sein Hund Wuschel
Laura hilft ▨▨▨.　　ihr Freund
Sie stellt ▨▨▨ den Futternapf hin.　　der Hund
Wuschel gefällt ▨▨▨.　　das Mädchen

❸ Schreibe die Sätze ab. Ergänze die Satzglieder in der richtigen Form.

❹ Unterstreiche die Dativobjekte.

> Auf die Frage **Wen?** oder **Was?** antwortet das **Akkusativobjekt**
> (Ergänzung im 4. Fall):
> Timo sieht seinen Lehrer. **Wen** oder **was** sieht Timo? **Seinen Lehrer.**
> Sarah liest ein spannendes Buch. **Wen** oder **was** liest Sarah?
> **Ein spannendes Buch.**

Tom besitzt seit kurzem ▨▨▨▨.
Heute besucht Laura ▨▨▨▨.
Sie möchte sich ▨▨▨▨ anschauen.
Auf dem Rücken hat er ▨▨▨▨.
Mit großen Augen beobachtet er ▨▨▨▨.

das Mädchen	ein Hund
	ein schwarzer Fleck
ihr Freund	sein Hund

5 Bilde sinnvolle Sätze.

6 Ergänze die Satzglieder in der richtigen Form. Schreibe die Sätze auf.

7 Unterstreiche die Akkusativobjekte.

Präpositionen bei Ortsbestimmungen

> Ortsbestimmungen werden oft durch **Präpositionen** (Verhältnis-
> wörter) eingeleitet, wie zum Beispiel: **an, auf, aus, durch, hinter,
> in, neben, über, unter, vor.** Präpositionen geben an, in welchem
> Verhältnis Dinge oder Menschen zueinander stehen.

Die Pinguine leben *im Baum.*
Der Eisbär lebt *am Südpol.*
Die Höhle des Spechts ist *unter der Erde.*
Der Fuchsbau ist *am Nordpol.*

Wo lebe ich?

1 Ergänze die passenden Ortsbestimmungen.
Schreibe die Sätze ab und unterstreiche jeweils die Ortsbestimmung.

2 Bilde eigene Sätze mit Ortsbestimmungen zu anderen Tieren.

Zeitformen

> Die Zeitform **Präsens** zeigt an, dass etwas **jetzt** stattfindet. Sach-
> verhalte, die **immer gültig** sind, werden auch im **Präsens** verfasst:
> Die Nester des Eichhörnchens **nennt** man Kobel.

legen schlüpfen entwickeln gehören ernähren verpuppen fliegen

Die Schmetterlinge ░░░ zu den Insekten. Im Frühling ░░░ sie ihre Eier
auf einer bestimmten Pflanze ab. Zunächst ░░░ kleine Raupen aus.
Die Raupe ░░░ sich von den Blättern ihrer Pflanze und ░░░ sich dann.
In der Puppe ░░░ sich der Schmetterling. Der fertige Schmetterling
░░░ davon.

❶ Ergänze die Verben in der richtigen Form und schreibe den Text ab.

> Das **Präteritum** zeigt an, dass etwas **vor längerer Zeit** stattfand:
> Er **kochte**. Sie **rannte**.

lesen setzen legen entdecken beobachten

In den Ferien ░░░ Hanna an einer Brennnessel eine schwarze Raupe.
Sie ░░░ in ihrem Tierbuch nach, dass es sich um die Raupe eines Tagpfauenauges handelte. Vorsichtig ░░░ sie die Raupe in eine Schachtel
und ░░░ einige Brennnessel dazu. Dann ░░░ sie alles genau.

❷ Schreibe den Text ab und ergänze dabei die Verben im Präteritum.

> Das **Perfekt** zeigt an, dass ein Geschehen **bereits abgeschlossen**
> ist. Man verwendet es häufig beim mündlichen Erzählen.
> Es wird mit den Hilfsverben „haben" oder „sein" gebildet:
> Er **hat gekocht**. Sie **ist gerannt**.

Nach den Ferien berichtet Hanna aufgeregt: *In den Ferien habe ich …*

❸ Schreibe im Perfekt auf, was Hanna erzählt.

> Das **Futur** (die **Zukunft**) zeigt an, dass etwas in der Zukunft geschehen wird. Es wird mit dem **Hilfsverb „werden"** und dem **Verb in der Grundform** gebildet:
> Das Schulfest **wird** erst nach den Sommerferien **stattfinden.**

Die Kinder der Klasse 4 werden nach den Sommerferien auf andere Schulen gehen. Was wird sie dort erwarten? Hoffentlich werden sie viele neue Freunde finden.

4 Schreibe den Text ab und unterstreiche die Prädikate.

Die Kinder der 4. Klassen bekommen im nächsten Schuljahr neue Unterrichtsfächer. Lisa bleibt im gleichen Schulhaus. Dann hat sie andere Lehrer. Jan wechselt in eine weit entfernte Schule. Er fährt künftig mit dem Bus. Ob Lisa Jan bald vermisst?

5 Setze den Text ins Futur und unterstreiche die Prädikate.

Imperativ (Befehlsform)

> Will man jemanden auffordern, etwas zu tun oder zu unterlassen, formuliert man Sätze im **Imperativ** (Befehlsform):
> **Gib** mir das Buch! **Ruf** mich **an!**

Kurz vor den Ferien fordert die Lehrerin ihre Schüler auf,
– die Fächer zu leeren,
– die Bücher zu ordnen,
– die Tische zu wischen,
– die Turnbeutel mitzunehmen.

1 Schreibe die Forderungen der Lehrerin im Imperativ auf.

2 Bilde eigene Sätze im Imperativ.

Zusammengesetzte Nomen

> **Zusammengesetzte Nomen** bestehen aus einem Grundwort und einem Bestimmungswort. Das letzte Wort ist das **Grundwort**.
> Nach diesem richtet sich der Artikel: **die** Haus**tür**.
> Das **Bestimmungswort** beschreibt das Grundwort näher:
> Welche Tür? Eine **Haus**tür.

❶ Bilde aus zwei hintereinander stehenden Nomen ein zusammengesetztes Nomen. Schreibe es mit Artikel auf und unterstreiche das Grundwort. Wie viele dieser Nomen findest du?

❷ Bilde auch so eine Wörterreihe.

> Zusammengesetzte Nomen (Substantive) können auch aus **Adjektiv und Nomen** oder **Verb und Nomen** bestehen:
> **die** Neustadt: neu – **die** Stadt; **das** Wohnhaus: wohnen – **das** Haus.

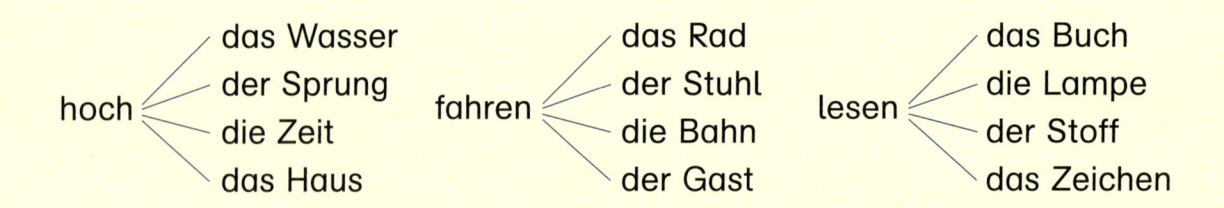

❸ Bilde zusammengesetzte Nomen und schreibe sie mit Artikel auf.

❹ Unterstreiche Grund- und Bestimmungswort unterschiedlich.

❺ Schreibe Sätze mit einigen der zusammengesetzten Nomen.

Adjektive und Verben

> Mit Adjektiven kann man vergleichen: genauso **hoch** wie … (Grundstufe), **höher** als … (Höherstufe), am **höchsten** (Höchststufe).

❶ Setze in die Sätze das angegebene Adjektiv in den Vergleichsstufen ein.

schnell: Der Hase rennt ▨▨▨▨. Das Pferd rennt ▨▨▨▨. Der Gepard rennt ▨▨▨▨.
klein: Die Katze ist ▨▨▨▨. Die Maus ist ▨▨▨▨. Die Ameise ist ▨▨▨▨.

| weit | ehrlich | groß | klug | kurz | teuer | spitz | weich |

❷ Lege eine Tabelle an. Trage zu allen Adjektiven die Vergleichsstufen ein.

> Wird einem **Adjektiv** ein **Artikel** oder Wörter wie **etwas, viel** oder **wenig** vorangestellt, wird aus einem Adjektiv ein **Nomen**:
> neu – das Neuere/das Neueste – wenig Neues/viel Neueres.

Im Fernsehen finde ich oft wenig Interessantes. Deshalb ist es für mich das Schönste, abends im Bett zu lesen. Das ist wirklich etwas Besonderes. Das Beste ist, dass es meine Eltern oft nicht merken.

❸ Schreibe den Text ab. Unterstreiche die Adjektive, die zu Nomen wurden.

❹ Schreibe diese Nomen heraus. Ergänze das entsprechende Adjektiv.

> Wird einem Verb ein Artikel vorangestellt, wird aus diesem ein Nomen: Das Schreiben macht Lisa Spaß. Tom liebt mehr das Turnen.

Bald ist das Lernen in der Grundschule vorbei. Die Kinder freuen sich auf das Schwimmen im Meer oder das Wandern in den Bergen. Keiner vermisst das Aufstehen am Morgen. Aber alle freuen sich auf das Wiedersehen nach den Ferien.

❺ Schreibe den Text ab. Unterstreiche die Verben, die zu Nomen wurden.

❻ Schreibe diese Nomen heraus. Ergänze das entsprechende Verb.

Ein Streitgespräch führen

① Welche Argumente sprechen für/gegen die Anschaffung eines Aquariums für die Klasse?

② Lege eine Tabelle an und ergänze weitere Argumente.

Regeln für ein Streitgespräch

1. Überlegt euch ein Thema, über das ihr ein Streitgespräch führen wollt.
2. Sammelt Argumente, die dafür (pro) und dagegen (kontra) sprechen.
3. Ordnet die Argumente in einer Tabelle ein.
4. Sprecht in der Diskussion sachlich und höflich miteinander.
5. Hört euch gegenseitig zu und geht auf die Meinung der anderen ein.
6. Überlegt zum Schluss, wo eure Gemeinsamkeiten liegen.

---

③ Führt mit Hilfe der Tabelle ein Streitgespräch zum Thema „Aquarium in der Klasse" durch.

Ein Cluster erstellen

Um Ideen für ein Streitgespräch, ein Vorhaben oder für eine Geschichte zu sammeln, kannst du mit einem Cluster arbeiten.

So kannst du ein Cluster erstellen:
1. Sammle Ideen zu einem Thema in Stichwörtern.
2. Ordne die Stichwörter nach grundlegenden Bereichen (Oberbegriffen) und umrahme diese.
3. Ergänze die umrahmten Bereiche mit weiteren Einfällen und verbinde sie mit dem Oberbegriff durch einen Strich.

Die Klasse hat sich zur Anschaffung eines Aquariums entschieden. Sie beginnt mit der Planung.

❶ Erstelle dazu ein Cluster.
Berücksichtige folgende Oberbegriffe:

Anschaffung   Pflege   Ferien   Bezahlung

Ein Interview durchführen

Die Kinder der Klasse möchten auch etwas über die Lesegewohnheit ihres Klassenlehrers erfahren. Sie möchten wissen, ob er als Kind viel gelesen hat und was. Auch was er heute am liebsten liest und Ähnliches möchten sie mit einem Interview herausfinden.

So kannst du ein Interview planen, führen und wiedergeben:
1. Formuliere deine Fragen zu einem Thema und schreibe sie auf.
2. Stelle deine Fragen einem Interviewpartner.
3. Notiere die Antworten in Stichpunkten.
4. Gib das Interview mündlich oder schriftlich wieder. Achte darauf, dass du fortlaufend und wahrheitsgemäß berichtest.

❷ Führe ein Interview zum Thema „Lesegewohnheiten" durch.

Ein Referat vorbereiten und halten

Einen Vortrag zu einem Thema nennt man Referat.

So kannst du ein Referat vorbereiten:

1. Sammle Material zu deinem Thema. Verwende Informationen aus Büchern, dem Internet oder von Experten.
2. Schreibe die Informationen geordnet in Stichpunkten heraus.
3. Formuliere mündlich Sätze aus den Stichpunkten.
4. Lies die Stichpunkte so oft, dass du den Inhalt kennst.

Maria Anna Mozart

Wolfgang Amadeus Mozart ist in der ganzen Welt berühmt. Weniger bekannt ist seine Schwester Maria Anna. Sie wurde 1751 fünf Jahre nach ihrem Bruder in Salzburg geboren. Da der Vater Musiker war, erkannte er sehr früh, dass die beiden Kinder eine große musikalische Begabung besaßen. Maria Anna nahm Klavier- und Gesangsunterricht. Sie und ihr Bruder galten als Wunderkinder, reisten viel umher und gaben schon als Kinder Konzerte. Später reiste der Vater aber nur noch mit Wolfgang Amadeus. Maria Anna sollte lieber als Klavierlehrerin arbeiten anstatt Konzerte zu geben. Als sie ihrem Bruder ein selbst komponiertes Stück zeigte, war er sehr überrascht. Aber Maria Anna durfte nicht weiter daran arbeiten. Als die Mutter starb, übernahm sie deren Pflichten. Sie konnte sich erst wieder im Alter der Musik widmen, nachdem ihre Kinder groß waren. Sie starb 1829 in Salzburg.

❶ Bereite ein Referat zu Maria Anna Mozart vor.

So kannst du ein Referat halten:

1. Stelle das Thema deines Referates vor.
2. Sprich laut und deutlich.
3. Schaue dabei deine Zuhörer immer wieder an.
4. Zeige Bilder zum besseren Verständnis.

❷ Halte das Referat zu Maria Anna Mozart.

Einen Steckbrief erstellen

Steckbriefe geben in kurzer sachlicher und übersichtlicher Form
einen Überblick über Pflanzen, Tiere oder Personen.

Steckbrief zur Traubenhyazinthe

Familie:	*Liliengewächse*
Vorkommen:	*Mittelmeerraum und übriges Europa*
Bevorzugter Boden:	*trockene Rasengebiete*
Aussehen:	*20 cm groß; Blüte wie eine stehende Traube in den Farben weiß, rosa oder lila; lange schmale Blätter*
Wurzel:	*Zwiebel*
Blütezeit:	*März bis April (Frühblüher)*

❶ Schreibe den Steckbrief ab.

❷ Unterstreiche die Punkte, nach denen der Steckbrief geordnet wurde.

Die Narzisse

Die gelben und weißen Narzissen sind ebenso Frühblüher, die uns im März
bis April erfreuen. Sie gehören zur Familie der Amaryllisgewächse. Man
findet sie in Mitteleuropa und in Gebieten am Mittelmeer. Sie besitzen
Zwiebeln, aus denen sie im Frühjahr die Nährstoffe ziehen. Ihre Blätter
sind lang und schmal. Sie werden bis 40 cm hoch. Am besten wachsen
sie auf feuchten Wiesen und geschützt unter Büschen.

❸ Schreibe einen Steckbrief zur Narzisse.
Du kannst die Ordnungspunkte von oben übernehmen.

④ Ihr könnt zu weiteren Frühblühern Steckbriefe schreiben
und sie auf einem Plakat zusammenstellen.

Beachtet bei einem Plakat Folgendes:
- Formuliert eine Hauptüberschrift.
- Überlegt euch untergeordnete Überschriften.
- Klebt Fotos oder Zeichnungen hinzu.
- Ergänzt sie mit kurzen Texten. Schreibt groß und gut lesbar.

Briefe schreiben

Die Klasse 4c möchte einen Ausflug zum Bergbaumuseum machen. Die Lehrerin bittet Maro und Toni einen Brief zu schreiben. Sie sollen die Klasse 4c mit 24 Schülern zu einer Führung am 15. Mai anmelden. Weiterhin sollen sie um eine Rückantwort bitten mit der genauen Preisangabe.

Grundschule am Berg   10. März
Klasse 4c
Bergstr. 23
76548 Bergen

Bergbaumuseum Berghausen
Museumsstr. 56
26158 Berghausen

Schreibtipps für offizielle Briefe
1. Schreibe oben links deinen Namen und deine Anschrift.
2. Ergänze in der ersten Zeile oben rechts das Datum.
3. Notiere nun links unter deiner Anschrift den Namen und die Anschrift des Empfängers.
4. Beginne mit der Anrede „Sehr geehrte Damen und Herren, …" oder sprich jemanden an, z. B. „Sehr geehrter Herr Müller, …".
5. Beschreibe dein Anliegen möglichst genau.
6. Beende deinen Brief mit einer Grußformel wie „Mit freundlichem Gruß" oder „Mit herzlichen Grüßen".
7. Denke an deine Unterschrift mit deinem Vor- und Nachnamen.

❶ Entwirf einen offiziellen Brief an das Bergbaumuseum. Beachte dabei die Schreibtipps.

Nach dem Besuch des Bergbaumuseums schreibt Maro seiner Oma einen Brief und berichtet ihr von dem Ausflug.

Schreibtipps für Briefe
1. Schreibe oben rechts den Ort und das Datum.
2. Beginne mit der Anrede wie „Liebe …" oder „Lieber …".
3. Schließe mit einer Grußformel wie „Viele Grüße" oder „Mit freundlichem Gruß".

❷ Schreibe Maros Brief.

Einen Bericht schreiben

> Ein Bericht informiert über ein Ereignis.
>
> **Schreibtipps für einen Bericht**
>
> 1. Berichte, wo, wann und was geschah.
> 2. Gib an, wer beteiligt war und wie der Ablauf war.
> 3. Beschreibe das Ereignis sachlich und unverfälscht.
> 4. Wenn ein Bericht über ein zurückliegendes Ereignis informiert, verwende das Präteritum.

Ort: Berlin; Kreuzung: Albrechtstraße – Tempelhofer Damm

Zeit: 20. Mai; 07.48 Uhr

Ereignis: Unfall

Ablauf: beim Abbiegen fährt Auto zwölfjährigen Radfahrer an, Junge trägt Helm, Unterarmbruch, Behandlung im Krankenhaus, Strafverfahren gegen Autofahrer eingeleitet.

❶ Schreibe mit Hilfe der Angaben und der Schreibtipps einen Bericht.

❷ Prüfe den Bericht und unterstreiche die Angaben zu den W-Fragen.

Eine Kritik schreiben

> Eine Kritik ist die Beurteilung eines Buches, einer Sendung oder eines Theaterstückes.
>
> **Schreibtipps für eine Kritik**
>
> 1. Benenne in der Einleitung, worüber du eine Kritik schreibst.
> 2. Gib eine kurze Inhaltsangabe.
> 3. Beschreibe und begründe, was du gut und schlecht findest.
> 4. Ende mit einer Schlussfolgerung. Eine Kritik soll deine Meinung widerspiegeln, aber trotzdem sachlich sein.

❸ Lies den Text „Warum ist streiten nicht gleich streiten?" auf den Seiten 18/19. Schreibe eine Kritik zu dem Text.

Eine Bildergeschichte schreiben

❶ Schreibe eine Geschichte zu den Bildern.

> **Schreibtipps für Bildergeschichten**
> 1. Suche eine passende Überschrift.
> 2. Überlege dir, ob deine Geschichte spannend oder lustig sein soll.
> 3. Erzähle mit vielen Einzelheiten zu jedem Bild.
> 4. Halte die Reihenfolge der Bilder ein. Gebrauche auch die wörtliche Rede.

❷ Wie wird die Frau das Erlebnis beschreiben? Was empfindet der Junge?

❸ Erzähle aus der Sicht der Frau oder des Jungen.

> **Schreibtipps für Bildergeschichten**
> **aus der Sichtweise einer anderen Person**
> 1. Versetze dich in die Rolle einer Figur.
> 2. Schreibe nun die Geschichte in der ich-Form.
> 3. Drücke dabei die Gefühle dieser Person aus.
> 4 Verwende die wörtliche Rede.
> 5. Erzähle mit vielen Einzelheiten zu jedem Bild.
> 6. Halte die Reihenfolge der Bilder ein.
> 7. Bleibe in einer Erzählzeit.
> 8. Suche eine passende Überschrift.

❹ Schreibe die Geschichte aus der Sicht der Frau oder des Jungen auf.

Eine Nacherzählung schreiben

❶ Lies die Sage über die Entstehung der Wartburg.

Die Wartburg

Graf Ludwig der Springer war wie so oft mit den Jägern seines Reiches auf der Jagd. Diesmal ritten sie weit in ein Gebiet hinein, das sie bisher noch nicht betreten hatten. Es war der Berg bei Niedereisenach, wo heute die Wartburg steht. Ludwig war so überwältigt von dem Blick ins Thüringer Land, dass er gesagt haben soll:

„Wart' Berg, du sollst mir eine Burg werden."
Da ihm das Land aber nicht gehörte, durfte er es nicht einfach bebauen. Deshalb verfiel er auf eine List. Er ließ seine Ritter Erde in großen Körben von seinem Grund auf diesen Berg schaffen. Darauf errichtete er eilig ein kleines Gebäude. Als die Besitzer sich beim Kaiser über sein Tun beklagten, schwor Ludwig, dass es seine eigene Erde sei, auf der er gebaut habe. Und das konnte niemand bestreiten. Dies geschah im Jahr 1076, das als Gründungsjahr der Wartburg angegeben wird.

❷ Notiere das Wichtigste in Stichwörtern.

Schreibtipps für eine Nacherzählung

1. Schreibe in der Einleitung, von wem du erzählen willst.
2. Berichte nur das Wichtigste, lass aber keine wichtigen Informationen weg.
3. Halte die Reihenfolge der Geschehnisse ein.
4. Erfinde keine zusätzlichen Einzelheiten oder Begebenheiten.
5. Verwende wörtliche Rede.
6. Halte die Erzählzeit (Präteritum) ein.

❸ Schreibe die Nacherzählung nun auf.

❹ Überprüfe deine Nacherzählung mit den Schreibtipps.

Eine Bildbeschreibung schreiben

Fröhlich, Kirmes 2009

❶ Schau dir das Bild genau an. Erzähle.

❷ Lege in Gedanken ein Raster über das Bild.

❸ Schreibe dir Stichwörter zu wichtigen Bildausschnitten auf.

Schreibtipps für eine Bildbeschreibung

1. Nenne in der Einleitung Maler und Titel des Bildes.
2. Beschreibe das Bild in einer von dir gewählten Reihenfolge und nur das, was du siehst.
3. Beschreibe Einzelheiten mit treffenden Wörtern.
4. Verbinde die Sätze so, dass man eine Vorstellung vom gesamten Bild erhält.
5. Bleibe sachlich.
6. Schreibe am Schluss, was du über das Bild denkst.
7. Verwende durchgängig das Präsens.

❹ Beschreibe das Bild. Beachte die Schreibtipps.

❺ Lest euch die Texte gegenseitig vor und vergleicht sie.

Texte überarbeiten

Judy hat den Anfang ihres Textes am Computer geschrieben.
Am Rand hat ihre Lehrerin Hinweise gegeben. Nach diesen hat Judy
ihren Text verändert.

SOS auf dem Meer An einem sonnigen Somertag *1. RS* fuhr ich mit meinem Vater aufs Meer hinaus. Es war unsere erste Fahrt mit dem Boot. *2. A* Die Sonne lachte am Himmel und ich habe mich aufs Deck gelegt. Ich musste eingeschla- *3. Zt* fen sein, den plötzlich bin ich *4. RS* unsanft geweckt worden. *5. Zt* Das Boot schwankte plötzlich *6. Wh.* und ich rutschte an eine scharfe Kante. Als ich meine Augen auf- schlug, sah ich Wolken über *7. A* mir. Als ich aufstehen wollte, *8. Wh* konnte ich mich nicht halten.	SOS auf dem Meer An einem sonnigen Sommertag fuhr ich mit meinem Vater aufs Meer hinaus. Es war unsere erste Fahrt mit dem Motorboot. Die Sonne lachte am Himmel und ich legte mich aufs Deck. Ich musste eingeschlafen sein, denn plötzlich wurde ich unsanft geweckt. Das Boot schwankte und ich rutschte an eine scharfe Kante. Als ich meine Augen aufschlug, sah ich dunkle Wolken über mir. Ich wollte aufstehen, konnte mich aber nicht halten.

So kannst du den Text überarbeiten:

1. *Rechtschreibung:* Wende die Regel an: Wird ein Vokal kurz gesprochen, folgt ein doppelter Konsonant.
2. *Ausdruck:* Durch zusammengesetzte Wörter wird etwas genauer beschrieben.
3. *Zeit:* Verwende die Verben im Präteritum.
4. *Rechtschreibung:* Gemeint ist nicht der Artikel „den", sondern das Bindewort „denn".
5. *Zeit:* Verwende die Verben im Präteritum.
6. *Wiederholung:* Streiche einmal das Wort „plötzlich".
7. *Ausdruck:* Durch Adjektive werden Nomen genauer beschrieben.
8. *Wiederholung:* Gleiche Satzanfänge kann man durch Umstellung der Satzglieder, aber auch durch Austausch oder Streichung einzelner Wörter verändern.

Leselexikon

Argument   Das Wort „Argument" bedeutete ursprünglich im Lateinischen „Beweismittel". Darunter versteht man eine Aussage, mit der ein bestimmter Standpunkt begründet wird. Argumente dienen dazu, die Richtigkeit oder Falschheit einer Annahme zu belegen.

Arktis   Als Arktis bezeichnet man den Raum um den Nordpol. Das Nordpolargebiet umfasst das bis zu 5 000 m tiefe Nordpolarmeer, zahllose Inseln und die nördlichen Teile der Kontinente Amerika, Europa und Asien. Die Arktis ist doppelt so groß wie Europa, wobei zwei Drittel der Fläche aus Wasser besteht.

äsen   Das Wort „äsen" stammt vermutlich aus dem Althochdeutschen und bedeutet „weiden" oder „fressen". Zum Beispiel bei Rehen und Hirschen sagt man, sie „äsen".

Atmosphäre   Um unsere Erde liegt eine ungefähr 80 Kilometer dicke Gasschicht, die Atmosphäre. Sie enthält verschiedene Gase, wie den Sauerstoff, den wir einatmen, das Kohlendioxid, das wir ausatmen, außerdem Stickstoff, Ozon und viele andere. Einige Gase funktionieren wie die Glasscheibe eines Treibhauses. Sie lassen das Sonnenlicht durch, halten aber auch einen großen Teil der Wärme auf.

Büdner   Ein Büdner war ein Kleinbauer mit wenig Land. Er besaß nur ein kleines Haus, das häufig gepachtet war. Er durfte nur sein eigenes Land nutzen. Darum waren die Büdner sehr arm und übten oft nebenbei noch ein Handwerk aus, um ihre Familie ernähren zu können.

Delinquent   Das Wort „Delinquent" kommt aus dem Lateinischen und bezeichnet jemanden, der eines Verbrechens angeklagt wird.

disputieren   Das Wort „disputieren" stammt aus dem Lateinischen und bedeutet „einen Wortwechsel oder ein Streitgespräch zu führen".

Exekution   Der Begriff „Exekution" kommt aus dem Lateinischen und bedeutet „Vollstreckung eines Urteils". Meist ist damit die Ausführung einer Hinrichtung gemeint.

Gesinnung   Gesinnung ist ein Wort, das man eher früher benutzte. Es bezeichnet die Einstellung eines Menschen zu bestimmten

Personen und Dingen. Die Gesinnung eines Menschen kommt in seinen Ansichten und Handlungen zum Ausdruck.

Gulden
Im 14. Jahrhundert bezeichnete man Goldmünzen als Gulden. Sie wurden als Zahlungsmittel in Deutschland und in vielen Nachbarländern benutzt.
1873 lösten Silbermünzen den Gulden in Deutschland ab.

Halskoller
Das Wort „Koller" kommt aus dem Lateinischen und bedeutet „Hals". Ein Halskoller ist eine Bekleidung, die vom Hals bis über die Schultern reicht. Ursprünglich benannte der Begriff einen Teil der Rüstung. Später wurde er aber auf andere Kleidungsstücke übertragen.

Hanf
Hanf gehört zu den ältesten Pflanzen der Welt. Sie ist eine bis zu vier Meter hohe Faser- und Ölpflanze mit langgestielten, gefingerten Blättern. Aus den Fasern der Stängel werden Bindfäden, Seile, Abdichtungen u.a. hergestellt. Weil aus dem Harz der Blätter die Droge Haschisch gewonnen werden kann, wird sein Anbau in Deutschland kontrolliert.

Honorar
Das Wort „Honorar" stammt aus dem Lateinischen und bedeutete ursprünglich „Ehrengeschenk". Im alten Rom bezeichnete man damit ein freiwillig gegebenes Entgelt z.B. für die Leistung eines Arztes. Der Patient schätzte den Wert der Leistung selbst ein und bezahlte den Arzt entsprechend.
Heute bezeichnet man die Bezahlung für Leistungen von Ärzten, Architekten, Künstlern und anderen als Honorar. Meistens wird die Bezahlung vorher vertraglich festgelegt.

Hucke
Das Wort „Hucke" ist in manchen Gegenden ein Ausdruck für eine Rückentrage oder eine auf dem Rücken getragene Last.

Infektionen
Bei einer Infektion kommt es zu einer Ansteckung durch Krankheitserreger, die in den Körper eindringen. Solche Erreger sind z.B. Bakterien oder Viren, die sich daraufhin im Körper vermehren und so zu einer Erkrankung führen können.
Zu diesen Erregern gehören Grippeviren, aber auch Bakterien, die in Wunden zu eitrigen Entzündungen führen können.

Initialen
Das Wort „Initialen" stammt aus dem Lateinischen und bedeutet „Anfangsbuchstaben". Diese wurden zu Beginn jedes Kapitels besonders kunstvoll verziert.

Heute bezeichnet man mit Initialen meist die Anfangsbuchstaben eines Namens, zum Beispiel J. G. für Johannes Gutenberg.

Integration

Unter Integration versteht man allgemein die Herstellung oder Wiederherstellung einer Einheit. So werden Kinder, die neu in eine Klasse kommen, in die bestehende Klassengemeinschaft integriert. Integration ist auch das Bemühen, Menschen, die wegen ihrer Hautfarbe, Nationalität oder einer Behinderung am Rande der Gesellschaft stehen, in diese einzugliedern.

Journalisten

Das aus dem Französischen stammende Wort „Journalist" leitet sich von dem Wort „jour" für „Tag" ab. Journalisten sind sogenannte Tagesschriftsteller, die für die Presse oder für andere Medien wie Fernsehen oder Internet tätig sind. Den Beruf des Journalisten kann man studieren, aber auch an besonderen Schulen oder direkt in Redaktionen erlernen.

kalkulieren

Bei der Herstellung von Waren muss schon vorher feststehen, wieviel ein einzelnes Stück dieser Ware später kosten wird. Dafür wird ausgerechnet, wieviel Geld unter anderem für die Materialkosten und den Lohn der Arbeiter benötigt wird. Diesen Vorgang nennt man kalkulieren. Dieser Begriff leitet sich vom lateinischen Wort „calculus", für Rechenstein, ab.

Kolonie

Kolonien entstanden durch die Eroberung von Ländern, die sich meist weit entfernt vom Mutterland befanden. Dabei wurden die Interessen der ursprünglichen Bevölkerung der Kolonien nicht berücksichtigt. Die Eroberer beuteten die Schätze des Landes aus, was meist mit der Unterdrückung der Ureinwohner einherging.

Laie

Das Wort „Laie" stammt aus dem Griechischen und bedeutet „Nichtfachmann". Es bezeichnet jemanden, der sich in einem bestimmten Bereich nicht auskennt.

Legende

Das Wort „Legende" kommt aus dem Lateinischen und bedeutet „zu Lesendes". Früher bezog sich das Wort auf alle Geschichten, die gelesen oder vorgelesen wurden. Heute bezeichnet das Wort „Legende" eine Erzählung, die Begebenheiten aus dem Leben eines Heiligen zum Inhalt haben. Das Wort „Legende" hat auch noch eine andere Bedeutung. Es erklärt die Zeichen einer Landkarte.

Legierung	Als Legierung bezeichnet man das Zusammenführen zweier Stoffe. Das sind meist Metalle, die durch Schmelzen verbunden werden. Dadurch kann man die Eigenschaften eines Metalls verändern. Sie werden z.B. härter und dehnbarer. Das ist bei der Herstellung vieler Werkzeuge und Gegenstände wichtig.
Letter	Das Wort „Letter" kommt aus dem Lateinischen und bedeutet „Buchstabe". In der Druckwerkstatt bezeichnet man mit Lettern die einzelnen beweglichen Buchstaben und Zeichen.
Lokales	Als „Lokales" bezeichnet man eine Rubrik in Zeitungen, in der von Ereignissen in der näheren Umgebung berichtet wird. Zeitungen, die in einem größeren Raum verkauft werden, haben unterschiedliche Lokalteile.
Manuskript	Das aus dem Lateinischen stammende Wort bedeutet wortwörtlich „Handschrift". Ein Manuskript bezeichnet eine Druckvorlage. Dieser früher von Hand geschriebene Text dient dem Setzer als Vorlage für das später gedruckte Buch.
offiziell	Das Wort „offiziell" stammt aus dem Französischen. Es heißt so viel wie „amtlich" oder „förmlich". Ein offizieller Brief hat eine festgelegte äußere Form, die man einhalten muss. Offizielle Briefe schreibt man an Behörden wie Schulen oder Gerichte, aber auch bei Bewerbungen um eine Arbeitsstelle.
Pacht	Pacht ist ein Begriff, der meistens in der Landwirtschaft benutzt wird. Ein Landwirt mietet ein Grundstück und bezahlt dem Besitzer dafür einen Pachtzins. Im Gegensatz zur Miete erhält der Pächter die Erträge von dem Grundstück. Früher musste ein Teil der Ernte als Pachtzins abgegeben werden.
Parodie	Eine Parodie ahmt Originaltexte scherzhaft nach und verspottet sie dadurch. Dabei bleibt die äußere Form der Vorlage erhalten, aber der Inhalt wird umgedichtet. Heute werden zum Beispiel bekannte Leute in Bezug auf ihren Rede- oder Gesangsstil parodiert.
Psalterium Moguntinum	So wurde eine Sammlung von kirchlichen Gesängen (lateinisch: Psalter) für die Stadt Mainz (lateinisch: Moguntinum) bezeichnet. Gutenberg druckte sie 1457 als Erster und stellte sie so einer größeren Leserschaft zur Verfügung. Es ist das erste Buch, das in drei Farben gedruckt wurde.

Recycling Unter Recycling versteht man die Aufarbeitung und Wiederverwendung von bestimmten Abfallprodukten. So wird aus Altpapier durch verschiedene Verfahren Recyclingpapier hergestellt. Das Altglas kann wieder zur Herstellung von Flaschen verwendet werden. Voraussetzung für das Recycling ist eine gewissenhafte Mülltrennung.

Sage Eine Sage ist eine orts- und zeitgebundene Erzählung, die vergangene geschichtliche Ereignisse als Grundlage hat oder an Naturerscheinungen anknüpft. Sie handelt von Helden, Göttern oder fantastischen Gestalten. Durch Sagen werden oft auch Bräuche und Sehenswürdigkeiten erklärt.

Schildknappe Als „Schildknappen" oder „Knappen" wurden im Mittelalter die Jungen genannt, die bei einem Ritter in die Lehre gingen und dabei auch den Umgang mit Waffen erlernten. Da sie oft ihrem Herrn die Schilde nachtrugen, nannte man sie auch „Schildträger".

Schwank Ein Schwank ist eine Geschichte, in der ein kurzes komisches Ereignis erzählt wird. Ihr bevorzugter Inhalt ist menschliche Dummheit, Eitelkeit und Prahlsucht.

Seifensieder „Sieden" ist ein altes Wort für „kochen". Ein Seifensieder war ein Handwerker, der durch das Kochen von tierischem Fett Seife herstellte. Die Arbeit war sehr unangenehm, weil sie mit Gestank verbunden war.
Heute wird Seife in Fabriken hergestellt und es werden Duftstoffe zugesetzt.

Skulpturen Das Wort „Skulptur" kommt aus dem Lateinischen und bedeutet zum Beispiel etwas Gemeißeltes, Geschnitztes oder Modelliertes. Werke von Bildhauern nennt man Skulpturen. Sie bestehen meist aus Stein, Holz oder Metall. Berühmte Skulpturen fertigten zum Beispiel Michelangelo oder Auguste Rodin.

Stand Der Stand war im Mittelalter die Bezeichnung für eine gesellschaftliche Klasse. Bauern, städtische Bürger und Adelige besaßen bestimmte Rechte und Pflichten. Je höher der Stand war, desto mehr Rechte besaß man. Die Standeszugehörigkeit war durch die Geburt festgelegt. Nur selten konnte man seinen Stand wechseln.

Stearin

Stearin ist ein Gemisch aus pflanzlichem Palmöl und tierischem Fett. Im Jahr 1818 wurde Stearin erstmals zum Herstellen von Kerzen verwendet. Weil der Kerzenrohstoff Paraffin günstiger ist, werden Kerzen jedoch nur noch selten aus Stearin hergestellt.

Talent

Als Talent bezeichnet man eine besondere Begabung für bestimmte Aufgaben oder eine Sache. Meistens ist es die Fähigkeit, hervorragende Leistungen in einem bestimmten Bereich zu zeigen, wie z.B. in der Mathematik, in der Musik oder auch in einem praktischen Bereich.

Troubadour

„Troubadour" wurde im Mittelalter jemand genannt, der Lieder selbst dichtete und komponierte, um sie bei Hofgesellschaften vorzutragen. Oft handelten die Lieder von Liebe oder sie besangen schöne Frauen.

Tor

Das Wort „Tor" kommt aus dem Mittelhochdeutschen und bezeichnet einen törichten oder dummen Menschen.

Trauerenten

Trauerenten gehören zur Familie der Entenvögel. Die Männchen (Erpel) haben schwarzes Gefieder. Die Weibchen sind dunkelgrau und braun mit hellen Wangen.
An den Küsten Deutschlands leben sie meist nur in den Wintermonaten. Sonst sind sie an den Seen im Norden Europas zu Hause.

UNO

UNO ist die Abkürzung für „United Nations Organisation" (engl.), das heißt: Organisation der Vereinten Nationen. Sie ist ein Zusammenschluss von 192 Staaten, die sich hauptsächlich die Erlangung des Weltfriedens und die Sicherung der Menschenrechte als gemeinsame Aufgabe gestellt hat.
Die UNO wurde am 26. Juni 1945 gegründet. Deutschland wurde im Jahr 1973 als Mitglied aufgenommen.

Vesperkaffee

Das Wort „Vesper" kommt aus dem Süddeutschen und bezeichnet eine kleine Zwischenmahlzeit, vor allem am Nachmittag.

Wörterliste

das Bier, die Biere
das Bild, die Bilder
bitte
bitter, bitterer, am bittersten
blau
blicken, er blickte,
er hat geblickt
das Boot, die Boote
böse, böser, am bösesten
braun
breit, breiter, am breitesten
der Brief, die Briefe
bringen, er brachte,
er hat gebracht
das Brot, die Brote
die Brücke, die Brücken
der Bruder, die Brüder
der Brunnen, die Brunnen
das Buch, die Bücher
die Bücherei, die Büchereien
der Buchstabe, die Buchstaben
bunt, bunter, am buntesten
der Burgherr, die Burgherren

C

das Camping
der Computer, die Computer
der Cousin, die Cousins
die Cousine, die Cousinen

D

das Dach, die Dächer
danach
der Dank
dann
das
decken, er deckte,
er hat gedeckt

dem
denken, er dachte,
er hat gedacht
denn
der
deshalb
deutsch
der Dezember
dicht, dichter, am dichtesten
dick, dicker, am dicksten
die
der Dienstag
diese
das Diktat, die Diktate
das Ding, die Dinge
der Donnerstag
das Dorf, die Dörfer
drehen, er drehte,
er hat gedreht
drei
drucken, er druckte,
er hat gedruckt
der Drucker, die Druckerin
der Duft, die Düfte
dunkel, dunkler, am dunkelsten
dünn, dünner, am dünnsten
die Dunkelheit

E

eckig, eckiger, am eckigsten
ein
die Einladung, die Einladungen
der Elefant, die Elefanten
die Eltern
die E-Mail, die E-Mails
endlich
endlos
eng, enger, am engsten

entdecken, er entdeckte,
er hat entdeckt
entgegnen, er entgegnete,
er hat entgegnet
enthalten, er enthielt,
er hat enthalten
entnehmen, er entnahm,
er hat entnommen
entscheiden, er entschied,
er hat entschieden
sich entschließen, er entschloss
sich, er hat sich entschlossen
sich entschuldigen, er entschuldigte
sich, er hat sich entschuldigt
entsenden, er entsendete,
er hat entsendet
entstehen, es entstand,
es ist entstanden
enttäuschen, er enttäuschte,
er hat enttäuscht
entwerfen, er entwirft,
er entwarf, er hat entworfen
er
erbarmungslos
die Erde
das Ereignis, die Ereignisse
erfahren, er erfuhr,
er hat erfahren
der Erfolg, die Erfolge
erforschen, er erforschte,
er hat erforscht
ergreifen, er ergriff,
er hat ergriffen
erhalten, er erhielt,
er hat erhalten
erklären, er erklärte,
er hat erklärt
das Erlebnis, die Erlebnisse

die Ernährung
ernst, ernster, am ernstesten
die Ernte, die Ernten
erzählen, er erzählte,
er hat erzählt
essen, er isst, er aß,
er hat gegessen
etwas

F _____

fahren, er fuhr, er ist gefahren
fallen, er fiel, er ist gefallen
das Fahrrad, die Fahrräder
die Familie, die Familien
die Farbe, die Farben
faul, fauler, am faulsten
der Februar
der Fehler, die Fehler
das Fenster, die Fenster
die Ferien
das Fernsehen
fernsehen, er sieht fern,
er sah fern, er hat ferngesehen
die Figur, die Figuren
der Film, die Filme
flach, flacher, am flachsten
das Fleisch
fleißig, fleißiger, am fleißigsten
die Fliege, die Fliegen
fliegen, er flog, er ist geflogen
der Fluss, die Flüsse
der Forscher, die Forscherin
fragen, er fragte, er hat gefragt
Frankreich
französisch
die Frau, die Frauen
der Freitag
fressen, er frisst, er fraß,

er hat gefressen

sich freuen, er freute sich,
er hat sich gefreut

der Freund, die Freunde

die Freundin, die Freundinnen
freundlich, freundlicher,
am freundlichsten
fröhlich, fröhlicher,
am fröhlichsten

der Frosch, die Frösche
früh, früher, am früh(e)sten
für

der Fuchs, die Füchse
füllen, er füllte, er hat gefüllt

der Fuß, die Füße

der Fußball, die Fußbälle
füttern, er fütterte,
er hat gefüttert

G

die Gabel, die Gabeln
ganz

die Gardine, die Gardinen

das Gebäude, die Gebäude
geben, er gibt, er gab,
er hat gegeben

das Gebiet, die Gebiete

der Geburtstag, die Geburtstage
gefährlich, gefährlicher,
am gefährlichsten
gehen, er ging, er ist gegangen
gelb

das Geld, die Gelder
gemütlich, gemütlicher,
am gemütlichsten
genießen, er genoss,
er hat genossen
gern

das Geschirr, die Geschirre

die Geschwister

das Gesetz, die Gesetze

das Gespräch, die Gespräche
gestern
gesund, gesünder,
am gesündesten
gewaltig, gewaltiger,
am gewaltigsten
gießen, er goss,
er hat gegossen

die Gitarre, die Gitarren

das Glas, die Gläser
glatt, glatter, am glattesten

das Glück
glücklich, glücklicher,
am glücklichsten

das Gras, die Gräser
gratulieren, er gratulierte,
er hat gratuliert
grau
groß, größer, am größten
gründen, er gründete,
er hat gegründet

der Gruß, die Grüße
gruselig, gruseliger,
am gruseligsten
gut, besser, am besten

H

das Haar, die Haare
haben, er hat, er hatte,
er hat gehabt

der Hahn, die Hähne

der Hai, die Haie
halten, er hielt, er hat gehalten

die Hand, die Hände

der Hase, die Hasen

hässlich, hässlicher,
am hässlichsten
häufig, häufiger, am häufigsten
das Haus, die Häuser
heiraten, er heiratete,
er hat geheiratet
heiß, heißer, am heißesten
heißen, er hieß, er hat
geheißen
der Herbst
herrschen, er herrschte,
er hat geherrscht
heute
der Himmel
hinter
hoffen, er hoffte, er hat gehofft
hoffentlich
holen, er holte, er hat geholt
das Holz, die Hölzer
das Huhn, die Hühner
der Hund, die Hunde
hundert
der Hut, die Hüte

I _____

ihm
ihn
ihnen
ihr
ihre
der Illustrator, die Illustratorin
im
in
informieren, er informierte,
er hat informiert
das Instrument, die Instrumente
interessant, interessanter,
am interessantesten

das Internet
irgendwo

J _____

die Jagd, die Jagden
das Jahr, die Jahre
jammern, er jammerte,
er hat gejammert
der Januar
jemand
der Juli
jung, jünger, am jüngsten
der Junge, die Jungen
der Juni

K _____

der Kaiser, die Kaiser
kalt, kälter, am kältesten
kämpfen, er kämpfte,
er hat gekämpft
die Kanne, die Kannen
die Kartoffel, die Kartoffeln
die Katastrophe, die Katastrophen
die Katze, die Katzen
kaufen, er kaufte,
er hat gekauft
das Kind, die Kinder
das Kino, die Kinos
die Kirche, die Kirchen
das Kleid, die Kleider
klein, kleiner, am kleinsten
klettern, er kletterte,
er ist geklettert
das Klima, die Klimata
klopfen, er klopfte, er hat
geklopft
knapp, knapper, am knappsten
der Knappe, die Knappen

kommen, er kam, er ist
gekommen

können, er kann, er konnte,
er hat gekonnt

kostbar, kostbarer,
am kostbarsten

krank, kränker, am kränksten

die Kräuter

die Kritik, die Kritiken

das Krokodil, die Krokodile

die Kuh, die Kühe

sich kümmern, er kümmerte sich,
er hat sich gekümmert

kunstvoll, kunstvoller,
am kunstvollsten

kurz, kürzer, am kürzesten

L ─────────────────────

lachen, er lachte,
er hat gelacht

der Laich, die Laiche

lang, länger, am längsten

langsam, langsamer,
am langsamsten

langweilig, langweiliger,
am langweiligsten

lassen, er ließ, er hat gelassen

laufen, er lief, er ist gelaufen

die Lawine, die Lawinen

leben, er lebte, er hat gelebt

legen, es legte, es hat gelegt

der Lehrer, die Lehrerin

leicht, leichter, am leichtesten

leiten, er leitete, er hat geleitet

lernen, er lernte, er hat gelernt

lesen, er liest, er las,
er hat gelesen

letzte, auch der Letzte

leuchtend, leuchtender,
am leuchtendsten

die Leute

das Lexikon, die Lexika

lieben, er liebte, er hat geliebt

das Lied, die Lieder

liegen, er lag, er hat gelegen

das Lob, die Lobe (selten)

die Luft, die Lüfte

lustig, lustiger, am lustigsten

M ─────────────────────

machen, er machte, er hat
gemacht

das Mädchen, die Mädchen

der Mai

die Mama

manchmal

die Mandarine, die Mandarinen

das Märchen, die Märchen

die Margarine, die Margarinen

der Markt, die Märkte

der März

die Maschine, die Maschinen

das Material, die Materialien

die Maus, die Mäuse

die Medizin, die Medizinen

das Meer, die Meere

mehr

mehrere

mein

meistens

der Mensch, die Menschen

mir

mit

am Mittag

der Mittwoch

mögen, er mag, er mochte,

er hat gemocht
der Mond, die Monde
der Montag
morgen
am Morgen
müde, müder, am müdesten
der Müll
das Museum, die Museen
müssen, er musste,
er hat gemusst
mutig, mutiger, am mutigsten
die Mutter, die Mütter
die Mütze, die Mützen

N _____

nach
der Nachbar, die Nachbarin
am Nachmittag
die Nacht, die Nächte
nah, näher, am nächsten
der Naturschutz
neben
nehmen, er nimmt, er nahm,
er hat genommen
nett, netter, am nettesten
neu, neuer, am neu(e)sten
nicht
niedrig, niedriger,
am niedrigsten
niemand
noch
notieren, er notierte,
er hat notiert
der November

O _____

oder
offen

oft
der Oktober
die Olive, die Oliven
die Oma, die Omas
der Onkel, die Onkel
der Opa, die Opas
ordentlich

P _____

packen, er packte, er hat
gepackt
das Paket, die Pakete
der Papa
das Papier, die Papiere
passieren, es passierte,
es ist passiert
pfeifen, er pfiff, er hat gepfiffen
die Pflanze, die Pflanzen
die Phase, die Phasen
das Picknick
der Pilz, die Pilze
das Plakat, die Plakate
der Platz, die Plätze
plötzlich
die Politik
der Polizist, die Polizistin
das Pony, die Ponys
die Post
der Preis, die Preise
das Problem, die Probleme
das Projekt, die Projekte
das Protokoll, die Protokolle
der Pullover, die Pullover
putzig, putziger, am putzigsten

Q _____

quadratisch
quaken, er quakte, er hat

gequakt
die Qualle, die Quallen
quer
quieken, er quiekte,
er hat gequiekt

R

das Radio, die Radios
raten, er riet, er hat geraten
rau, rauer, am rau(e)sten
der Raum, die Räume
das Recht, die Rechte
rechts
die Redaktion, die Redaktionen
der Redakteur, die Redakteurin
reden, er redete, er hat
geredet
der Regen
das Reh, die Rehe
die Reihe, die Reihen
reisen, er reiste, er ist gereist
rennen, er rannte, er ist
gerannt
die Reparatur, die Reparaturen
retten, er rettete, er hat
gerettet
rhythmisch, rhythmischer,
am rhythmischsten
richtig, richtiger, am richtigsten
riechen, er roch,
er hat gerochen
der Riese, die Riesen
riesig, riesiger, am riesigsten
der Ritter, die Ritter
der Roggen
rot
rücksichtslos
rufen, er rief, er hat gerufen

ruhig, ruhiger, am ruhigsten
rund

S

säen, er säete, er hat gesäet
sagen, er sagte, er hat gesagt
sammeln, er sammelte,
er hat gesammelt
der Samstag
der Satz, die Sätze
sauber, sauberer,
am saubersten
die Sauberkeit
sauer, sau(e)rer, am sauersten
schaffen, er schuf,
er hat geschaffen
der Schatz, die Schätze
schauen, er schaute,
er hat geschaut
schenken, er schenkte,
er hat geschenkt
die Schiene, die Schienen
schimpfen, er schimpfte,
er hat geschimpft
schlafen, er schlief,
er hat geschlafen
schließen, er schloss,
er hat geschlossen
schließlich
schmal, schmaler,
am schmalsten
schmelzen, er schmilzt,
er schmolz, er ist geschmolzen
schmutzig, schmutziger,
am schmutzigsten
der Schnabel, die Schnäbel
der Schnee
schnell, schneller,

am schnellsten
schon
schön, schöner, am schönsten
schreiben, er schrieb,
er hat geschrieben
schreien, er schrie,
er hat geschrieen
der Schriftsteller, die Schriftstellerin
die Schule, die Schulen
der Schüler, die Schülerin
schütteln, er schüttelte,
er hat geschüttelt
der Schutz
schützen, er schützte,
er hat geschützt
schwach, schwächer,
am schwächsten
schwarz
schwer, schwerer,
am schwersten
die Schwester, die Schwestern
schwimmen, er schwamm,
er ist geschwommen
schwingend, schwingender,
am schwingendsten
der See, die Seen
sehen, er sieht, er sah,
er hat gesehen
die Sehenswürdigkeit,
die Sehenswürdigkeiten
sein, er ist, er war, er ist
gewesen
seine
die Sendung, die Sendungen
der September
sicher, sicherer, am sichersten
sie

sieben
siegen, er siegte, er hat
gesiegt
singen, er sang, er hat
gesungen
sitzen, er saß, er hat gesessen
sofort
sogar
sollen, er sollte, er hat gesollt
der Sommer, die Sommer
die Sonne
der Sonntag
Spanien
spanisch
spannend, spannender,
am spannendsten
der Spaß, die Späße
spät, später, am spätesten
der Spiegel, die Spiegel
spielen, er spielte, er hat
gespielt
der Sport
sportlich, sportlicher,
am sportlichsten
sprechen, er spricht, er sprach,
er hat gesprochen
die Stadt, die Städte
der Stand, die Stände
stark, stärker, am stärksten
die Station, die Stationen
stehen, er stand, er hat
gestanden
stellen, er stellte, er hat
gestellt
der Stiel, die Stiele
der Stier, die Stiere
stolz, stolzer, am stolzesten
die Straße, die Straßen

streicheln, er streichelte,
er hat gestreichelt

der Streit

streiten, er stritt, er hat
gestritten

die Strophe, die Strophen

der Sturm, die Stürme

suchen, er suchte, er hat
gesucht

süß, süßer, am süßesten

T

der Tag, die Tage
täglich

die Tante, die Tanten

tanzen, er tanzte, er hat
getanzt

tatsächlich

das Taxi, die Taxis

das Tennis

teuer, teurer, am teuersten

der Text, die Texte

das Theater, die Theater

das Thema, die Themen

tief, tiefer, am tiefsten

das Tier, die Tiere

der Tierschutz

der Tisch, die Tische

die Toilette, die Toiletten

die Tonne, die Tonnen

die Tradition, die Traditionen

tragen, er trug, er hat getragen

träumen, er träumte, er hat
geträumt

treffen, er trifft, er traf, er hat
getroffen

treiben, er trieb, er hat
getrieben

trinken, er trank, er hat
getrunken

trotzdem

tuscheln, er tuschelte,
er hat getuschelt

U

üben, er übte, er hat geübt

über

überall

überraschen, er überraschte
mich, er hat mich überrascht

die Überraschung, die Über-
raschungen

die Übung, die Übungen

die Uhr, die Uhren

und

der Unfall, die Unfälle

ungefährlich, ungefährlicher,
am ungefährlichsten

unglücklich, unglücklicher,
am unglücklichsten

unternehmen, er unternahm,
er hat unternommen

V

der Vater, die Väter

die Verabschiedung, die Verab-
schiedungen

verändern, er veränderte,
er hat verändert

die Veranstaltung, die Veran-
staltungen

verbrauchen, er verbrauchte,
er hat verbraucht

verfassen, er verfasste,
er hat verfasst

sich verhalten, er verhielt sich,

er hat sich verhalten
verkaufen, er verkaufte,
er hat verkauft
verletzen, er verletzte,
er hat verletzt
vermitteln, er vermittelte,
er hat vermittelt
verschwenden, er verschwen-
dete, er hat verschwendet
versorgen, er versorgte,
er hat versorgt

sich verständigen, er verständigte
sich, er hat sich verständigt
verstecken, er versteckte,
er hat versteckt
verstehen, er verstand,
er hat verstanden
versuchen, er versuchte,
er hat versucht
verteilen, er verteilte,
er hat verteilt

der Vertrag, die Verträge
verwenden, er verwendete,
er hat verwendet
verzieren, er verzierte,
er hat verziert
viel, mehr, am meisten
vielleicht
vier

der Vogel, die Vögel
von
vorbei
vorsagen, er sagte vor,
er hat vorgesagt
vorschreiben, er schrieb vor,
er hat vorgeschrieben
vorsichtig, vorsichtiger,
am vorsichtigsten

vorstellen, er stellte vor,
er hat vorgestellt

der Vorteil, die Vorteile
vorziehen, er zog vor,
er hat vorgezogen

W _____

wach, wacher, am wachsten
wachsen, er wuchs,
er ist gewachsen
während

die Wand, die Wände
wandern, er wanderte,
er ist gewandert
warm, wärmer, am wärmsten
warum
was
waschen, er wusch,
er hat gewaschen

das Wasser
weg
wehen, es wehte, es hat
geweht
weich, weicher, am weichsten

das Weihnachten, die Weihnachten
weinen, er weinte, er hat
geweint
weiß
weit, weiter, am weitesten

die Welt, die Welten
wenden, er wendete,
er hat gewendet
wenig, weniger, am wenigsten
wenn
wer
werden, er wird, er wurde,
er ist geworden
wertvoll, wertvoller,

am wertvollsten
der Wettbewerb, die Wettbewerbe
das Wetter
wichtig, wichtiger,
am wichtigsten
wie
die Wiese, die Wiesen
der Wind, die Winde
winken, er winkte,
er hat gewinkt
wir
wissen, er weiß, er wusste,
er hat gewusst
der Wissenschaftler, die Wissen-
schaftlerin
wo
wöchentlich
wohnen, er wohnte,
er hat gewohnt
die Wolke, die Wolken
wollen, er will, er wollte,
er hat gewollt
das Wort, die Wörter
wünschen, er wünschte,
er hat gewünscht

der Ziegel, die Ziegel
ziehen, er zog, er hat gezogen
ziemlich
das Zimmer, die Zimmer
die Zitrone, die Zitronen
der Zug, die Züge
zunächst
zur
zusammen
der Zwerg, die Zwerge

Z

die Zahl, die Zahlen
zählen, er zählte,
er hat gezählt
der Zahn, die Zähne
zeigen, er zeigte,
er hat gezeigt
die Zeit, die Zeiten
die Zeitschrift, die Zeitschriften
die Zeitung, die Zeitungen
das Zelt, die Zelte
die Ziege, die Ziegen

Quellennachweis

S. 4/5: Sabine, Trautmann: Wir können viel gemeinsam machen. Originalbeitrag.

S. 16: Welsh, Renate: Die Brücke. Aus: Das Sprachbastelbuch, Wien/München: Jugend und Volk, 1976.

S. 16: Manz, Hans: Aufpassen. Aus: Manz, Hans: Worte kann man drehen. Beltz & Gelberg Verlag, Weinheim/ Basel 1974.

S. 17: Reider, Katja: Pechtag. Aus: Reider, Katja: Schulklassengeschichten. Loewe Verlag, Bindlach, 2002.

S. 18/19: Mai, Manfred: Warum ist streiten nicht gleich streiten? Aus: Mai, Manfred: Warum Geschichten: Vom Streiten und Raufen. Loewe Verlag, Bindlach 1995.

S. 20/21: Schubert, Ulli: Heimweh. Aus: Schubert. Ulli: Klassenfahrtgeschichten. Loewe Verlag, Bindlach 2004.

S. 22–24: von der Grün, Max: Die Entdeckung. Aus: von der Grün, Max: Vorstadtkrokodile. C. Bertelsmann Verlag, München 2006.

S. 25: Schramm, Karin: Interview mit dem Regisseur von „Vorstadtkrokodile". Originalbeitrag.

S. 44: Ende, Kerstin: Pressefreiheit. Originalbeitrag.

S. 45–47: Assen, Klaas van: Mees macht Geschichten. Aus dem Niederländischen von Rolf Erdorf. Verlag Nagel & Kimche AG, Zürich 1999.

S. 48: Reidel, Marlene: Die Fernseh-Susi. Aus: Moritaten für Kinder, Sellier Verlag, Eching 1970.

S. 48: Hanisch, Hanna: Enttäuscht. Aus Rademacher, Gerhard/Wacker, Hermann (Hrsg.): Blätter für meinen Kalender. Gedichtsammlung für die Grundschule. Schroedel Verlag, Hannover 1979.

S. 49: Ende, Kerstin: Chatten. Originalbeitrag.

S. 50–52: Lamprecht, Eva-Maria: Karo, die Computerhexe. Ensslin und Laiblin Verlag, Reutlingen, 1997.

S. 53: Eberle, Theodor: Kuh-TV. Aus: Der Bunte Hund Nr.55.

S. 70: Ende, Kerstin: Die Wette. Originalbeitrag.

S. 71: Ende, Kerstin: Des Rätsels Lösung. Originalbeitrag.

S. 72/73: Kargl, Sonja: Die geheime Botschaft. Originalbeitrag.

S. 73: Kargl, Sonja: Rezept für Geheimtinten. Originalbeitrag.

S. 74: Ende, Kerstin: Papier schöpfen. Originalbeitrag.

S. 75: Kargl, Sonja: Besuch in der Schuldruckerei. Originalbeitrag.

S. 76/77: Inkiow, Dimiter: Der Prozess Gutenberg gegen Fust. Aus: Inkiow, Dimiter/Rettisch, Rolf: Das Buch erobert die Welt. Orell Füssli, Zürich 1990.

S. 78/79: Kargl, Sonja: Wie ein Buch entsteht. Originalbeitrag.

S. 86/87: Auer, Martin: Über die Erde. Aus: Gelberg, Hans-Joachim (Hrsg.): Überall und neben dir. Verlag Beltz & Gelberg. Weinheim/Basel 1986.

S. 98: Gore, Al: Eine unbequeme Wahrheit. Aus: Gore, Al: Eine unbequeme Wahrheit. Klimawandel geht uns alle an. Bearbeitete Ausgabe für junge Leser. Übers.: Kura, Lilian, cbj-Verlag, Verlagsgruppe Random House, München 2007.

S. 99: Schramm, Karin: Tiere in der Arktis und der Antarktis. Originalbeitrag.

S. 100: Linder, Leo G. und Mendlewitsch, Doris: Reine Frauensache. Aus: Christiansen, Sabine (Hrsg.): Gibt es hitzefrei in Afrika? So leben die Kinder dieser Welt. Geschrieben von Leo G. Linder und Mendlewitsch, Doris. Wilhelm Heyne Verlag in der Verlagsgruppe Random House GmbH, München 2006.

S. 101–104: Sepúlveda, Luis: Kater Zorbas und das Ei. Aus: Sepúlveda, Luis: Wie Kater Zorbas der kleinen Möwe das Fliegen beibrachte. Aus dem Spanischen von Zurbrüggen, Willi. Fischer Taschenbuch Verlag GmbH, Frankfurt am Main 1997.

S. 105/106: Schlumberger, Andreas: Was steckt drin im Papier? Aus: Schlumberger, Andreas: 33 einfache Dinge, die du tun kannst um die WELT zu retten mit den Umweltdetektiven Tim und Lena. Westend Verlag, Frankfurt am Main 2007.

S. 107: Seidel, Heinrich: Die Kröte. Aus: Seidel, Heinrich: Gedichte. Gesamtausgabe. Cotta, Stuttgart/ Berlin 1903.

S. 107: Bestle-Köfer, Regina: Rätsel. Aus: Bestle-Köfer, Regina und Stollenwerk, Annemarie: Das große Jahreszeiten-Buch. Christophorus im Verlag Herder, Freiburg im Breisgau 2005.

S. 107: Guggenmos, Josef: Wie ertrunken, wie versunken. Aus: Guggenmos. Josef: Was denkt die Maus am Donnerstag? 121 Gedichte für Kinder. © Beltz & Gelberg, 1967.

S. 126/127: Frank, Karlhans: Till Eulenspiegel in Magdeburg. Aus: Frank, Karlhans: Till Eulenspiegel. Ravensburger Buchverlag, 2000.

S. 128/129: Kästner, Erich: Ein Krebs kommt vor Gericht. Aus: Kästner, Erich: Die Schildbürger. Cecilie Dressler Verlag, Hamburg 1956.

S. 130: Elisabeth von Thüringen, nach www.sagen.at, Bearbeitung Morscher, Wolfgang.

S. 131: Das Rosenwunder, nach www.sagen.at, Bearbeitung Morscher, Wolfgang.

S. 132: Text: Hilbert, Jörg, Musik: Janosa, Felix: Ritter Rost. Aus: Musical für Kinder. Con Brio Verlagsgesellschaft Regensburg 1994, © Terzio Möllers & Bellinghausen GmbH, München

S. 133: Nach: Wagenfeld, Friedrich: Die Sage von Gräfin Emma von Lesum. Nach: Wagenfeld, Friedrich: Bremens Volkssagen. Erster Band, Nummer 3. Bremen 1845.

S. 134/135: Letterie, Martine: Robin und die wilden Ritter (gekürzt). Aus: Letterie, Martine: Robin und die wilden Ritter. Übers.: Kiefer, Verena, Arena Verlag GmbH, Würzburg 2008.

S. 154: Sonja Kargl: Landwirtschaft in Spanien. Originalbeitrag.

S. 155/156: Kästner, Erich: Der Kampf mit den Windmühlen. Aus: Kästner, Erich: Don Quichotte. Dressler Klassiker. Cecilie Dressler Verlag. Hamburg 2001.

S. 156: Schimmler, Ute: Miguel de Cervantes Saavedra. Originalbeitrag.

S. 157–159: Leaf Munro: Ferdinand. Übers.: Güttinger, Fritz, Diogenes Verlag. Zürich 1993.

S. 160: Schimmler, Ute: Christoph Columbus. Originalbeitrag.

S. 161: Sonja Kargl: Der Escorial. Originalbeitrag.

S. 162/163: Sonja Kargl: Pablo Picasso. Originalbeitrag.

S. 170/171: Schweiggert, Alfons: Frühling, Sommer, Herbst und Winter. Aus: Schweiggert, Alfons: Mein Bär tanzt auf dem Regenbogen. 100 schöne Gedichte für Kinder. Manfred Pawlak-Taschenbuch-Verlagsgesellschaft mbH, Berlin, Herrsching 1984.

S. 172/173: Fontane, Theodor: Herr von Ribbeck auf Ribbeck im Havelland. Aus: Fontane, Theodor: Sämtliche Werke. Band 20. Nymphenburger Verlagsbuchhandlung, München 1962.

S. 173: Könner, Alfred: Spiegel. Aus: Ursula Remmers und Ursula Warmbold (Hrsg.): Von der Erde bis zum Mond. Reclam Verlag, Stuttgart 2004.

S. 174/175: Lindgren, Astrid: Erntezeit in Lönneberga. Aus: Lindgren, Astrid: Immer dieser Michel. Übers.: Peters, Karl Kurt, Verlag Friedrich Oetinger, Hamburg 1972.

S. 176: Äsop: Der Fuchs und die Trauben. (geändert) Aus: Das goldene Geschichtenbuch. Bearbeiter: Rothemund, Eduard, Verlag Ensslin und Laiblin. Reutlingen 1957.

S. 177/178: Kargl, Sonja: Die Geschichte der Kartoffel. Originalbeitrag.

S. 179: Kargl, Sonja: Pommes frites. Originalbeitrag.

S. 179: Kargl, Sonja: Kartoffelsuppe. Originalbeitrag.

S. 180: Morgenstern, Christian: Wenn es Winter wird. Aus: Morgenstern, Christian: Ausgewählte Werke. Insel-Verlag, Leipzig 1975.

S. 181–183: Steinhöfel, Andreas: Es ist ein Elch entsprungen. Deutscher Taschenbuch Verlag GmbH & Co. KG, München 1998.

S. 184: Schramm, Karin: Kerzen. Originalbeitrag.

S. 185: Schramm, Karin: Was brennt in der Kerze? Originalbeitrag.

S. 186/187: Fühmann, Franz: Am Schneesee. Aus: Fühmann, Franz: Die dampfenden Hälse der Pferde im Turm von Babel. Middelhauve Verlags GmbH, München für Der Kinderbuchverlag Berlin 1978.

S. 188: Mörike, Eduard: Er ist´s. Aus: Göpfert, Herbert G. (Hrsg.): Eduard Mörike. Sämtliche Werke. Hanser Verlag, München 1964.

S. 188: Krenzer, Rolf: Endlich. Aus: Krenzer, Rolf: Bei uns haust der Klabautermann. Kösel-Verlag, München 2006.

S. 189: Hofmannsthal, Hugo: Schneeglöckchen. Volksgut

S. 190: Schimmler, Ute: Schmetterlinge. Originalbeitrag.

S. 190: Zitronenfalter/ Kleiner Fuchs: Schülerbeispiele.

S. 191: Schimmler, Ute: Das Tagpfauenauge. Originalbeitrag.

S. 192/193: Schumacher, Hildegard und Siegfried: Ein vierbeiniges Osterei. Aus: Herold, Gottfried (Hrsg.): Der Mäuserich vom Königstein. Verlag Neues Leben GmbH, Berlin 1996.

S. 194/195: Schumacher, Hildegard und Siegfried: Ein Tag in freier Natur. Aus. Herold, Gottfried (Hrsg.): Der Mäuserich vom Königstein. Verlag Neues Leben GmbH, Berlin 1996.

S. 196/197: Guggenmos, Josef: Das Gewitter: Aus: © Guggenmos, Josef: Sieben kleine Bären. Geschichten und Gedichte für Kinder. Recklinghausen. Bitter 1971.

S. 197: Kargl, Sonja: Wie entsteht ein Gewitter. Originalbeitrag.

S. 198/199: Lohf, Sabine und Krekeler, Hermann: Ich will hier raus! Aus: Lohf , Sabine und Krekeler, Hermann: Paula und der Kräuterblitz © Otto Maier Verlag, Ravensburg 1986.

S. 199: Ohser, Erich. e.o.plauen: Vater und Sohn. Sämtliche Streiche und Abenteuer Südverlag GmbH, Konstanz 2003

S. 212: Kargl, Sonja: Maria Anna Mozart. Originalbeitrag.

S. 217: Kargl, Sonja: Die Wartburg. Originalbeitrag.

Trotz umfangreicher Bemühungen ist es in wenigen Fällen nicht gelungen, die Rechteinhaber für Texte einiger Beiträge ausfindig zu machen. Der Verlag ist hier für entsprechende Hinweise dankbar. Berechtigte Ansprüche werden selbstverständlich im Rahmen der üblichen Vereinbarungen abgegolten.

Abbildungsverzeichnis

S. 4.1: Mauritius Images (Fergusson), Mittenwald;

S. 4.2: Joker (David Ausserhofer), Bonn;

S. 4.4: Joker (David Ausserhofer), Bonn;

S. 4.5: Joker (Hartwig Lohmeyer), Bonn;

S. 5.1: Joker (David Ausserhofer), Bonn;

S. 5.2: Mauritius Images (L. Hillebrand), Mittenwald;

S. 5.3: Corbis (A. Inden), Düsseldorf;

S. 13.1: Das Fotoarchiv (Hans Blossey), Essen;

S. 13.2: Bilderberg (Wolfgang Kunz), Hamburg;

S. 19.1: Mauritius Images (Kupka), Mittenwald;

S. 24.1: Coverillustration nach Max von der Grün, Vorstadtkrokodile. Eine Geschichte vom Aufpassen, erschienen im cbj TB Verlag, München, in der Verlagsgruppe Random House GmbH;

S. 25.1: Klett-Archiv (Maria Zipse), Stuttgart;

S. 25.2: Interfoto, München;

S. 32.2: shutterstock (jocicalek), New York, NY;

S. 32/33: Klett-Archiv (Kassler, St., Leipzig), Stuttgart;

S. 34.1: Egmont Ehapa Verlag GmbH (The Walt Disney Company (Germany) GmbH), Berlin;

S. 34.2: Domino Verlag, Günther Brinek GmbH (Coverbild: Fotolia (Monika Adamczyk)), München;

S. 34.3: GEOLINO, Hamburg;

S. 34.4: Sailer Verlag GmbH, Nürnberg;

S. 34.5: Heinrich Bauer Smaragd KG – Redaktion BRAVO, München;

S. 36.1: laif (GAFF/Boris Geilert), Köln;

S. 36.2: Imago (imagebroker), Berlin;

S. 37.1: Ullstein Bild GmbH (CARO/Sorge), Berlin;

S. 40.1: Junges Theater Bonn, Bonn;

S. 47.1: Carl Hanser Verlag (Klaas van Assen, Mees macht Geschichten Aus dem Niederländischen von Rolf Erdorf © 1999 Nagel & Kimche im Carl Hanser Verlag, München), München;

S. 47.2: Bulls Press, Frankfurt;

S. 60.2: AKG (British Library), Berlin;

S. 60.3: AKG, Berlin;

S. 60.4: AKG (Cameraphoto), Berlin;

S. 60.5: AKG (Erich Lessing), Berlin;

S. 60.6: © Museum für Druckkunst Leipzig, Kai Hofmann. www.druckkunst-museum.de;

S. 60.7: AKG, Berlin;

S. 60.8: AKG (Werner Forman), Berlin;

S. 60.9: AKG, Berlin;

S. 61.10: Klett-Archiv (Klett Archiv/Kassler, Leipzig AKG/British Library AKG/Cameraphoto AKG/Erich Lessing Druckerpresse: © Museum für Druckkunst Leipzig, Kai Hofmann. www.druckkunst-museum.de AKG AKG/ Werner Forman AKG), Stuttgart;

S. 62.1: Ullstein Bild GmbH (Bersick), Berlin;

S. 63.1: AKG (De Agostini Picture), Berlin;

S. 65.1: AKG, Berlin;

S. 65.2: AKG, Berlin;

S. 65.3: AKG (British Library), Berlin;

S. 66.1: BPK, Berlin;

S. 67.1: AKG, Berlin;

S. 67.2: AKG, Berlin;

S. 70.1: AKG, Berlin;

S. 70.2: AKG (Erich Lessing), Berlin;

S. 71.1: Picture-Alliance (dpa), Frankfurt;

S. 71.2: Getty Images (Time & Life Pictures), München;

S. 73.1: StockFood GmbH (Essig: Element Photo, Apfelsaft: Eising, Zitrone: Steven Morris, Zwiebeln: Joff Lee Studio), München;

S. 75.1: Klett-Archiv (Sonja Kargel, Troisdorf), Stuttgart;

S. 75.2: Klett-Archiv (Kargl, S., Troisdorf), Stuttgart;

S. 75.3: Klett-Archiv (Kargl, S., Troisdorf), Stuttgart;

S. 75.4: Klett-Archiv (Kargl, S., Troisdorf), Stuttgart;

S. 76.1: AKG, Berlin;

S. 86.1: Okapia (Claire Comte/BIOS), Frankfurt;

S. 86.1: Klett-Archiv/Steffi Kessler, Leipzig Okapia/Claire Comte/ BIOS Mauritius Images Okapia/Klein & Hubert/BIOS Mauritius Images/Thonig Mauritius Images/Higuchi Ullstein Bild/Mitterbauer Mauritius Images/Winhäupl Ullstein Bild/Gerlick;

S. 86.2: Mauritius Images, Mittenwald;

S. 86.3: Okapia (Klein & Hubert/BIOS), Frankfurt;

S. 86.4: Mauritius Images (Thonig), Mittenwald;
S. 86.5: Mauritius Images (Higuchi), Mittenwald;
S. 86.6: Ullstein Bild GmbH (Mitterbauer), Berlin;
S. 86.7: Mauritius Images (Winhäupl), Mittenwald;
S. 87.1: Klett-Archiv (Kassler, Steffi, Leipzig), Stuttgart;
S. 87.5: Ullstein Bild GmbH (Gerlick), Berlin;
S. 94.1: Picture-Alliance (ZB), Frankfurt;
S. 94.2: Keystone, Hamburg;
S. 94.3: Mauritius Images (age), Mittenwald;
S. 94.4: Ullstein Bild GmbH (CARO/Bastian), Berlin;
S. 94.5: Okapia (Frank Siteman), Frankfurt;
S. 95.1: Fotex GmbH (Lange, Harald), Hamburg;
S. 95.2: blickwinkel (Artwork), Witten;
S. 96.1: Ullstein Bild GmbH (Paul van Gaalen), Berlin;
S. 96.2: WILDLIFE Bildagentur GmbH, Hamburg;
S. 97.1: Picture-Alliance (ZB), Frankfurt;
S. 99.1: Okapia (Alaska Stock/Thomas D. Mangelsen), Frankfurt;
S. 99.2: Fotolia LLC (romasantos), New York;
S. 103.1: Illustration von Sabine Wilharm aus Luis Sepulveda, Wie Kater Zorbas der kleinen Möwe das Fliegen beibrachte. © Fischer Taschenbuch Verlag GmbH, Frankfurt am Main 1997;
S. 104.1: Illustration von Sabine Wilharm aus Luis Sepulveda, Wie Kater Zorbas der kleinen Möwe das Fliegen beibrachte. © Fischer Taschenbuch Verlag GmbH, Frankfurt am Main 1997;
S. 104.2: S. Fischer Verlag GmbH, Frankfurt am Main;
S. 106.1: Coverillustration nach Andreas Schlumberger, 33 einfache Dinge, die du tun kannst, um die Welt zu retten, erschienen im cbj TB Verlag, München, in der Verlagsgruppe Random House GmbH;
S. 116.1: AKG, Berlin;
S. 130.1: Ullstein Bild GmbH (Lombard), Berlin;
S. 132.1: Sony BMG Music Entertainment (Germany), München;
S. 135.1: aus: Martine Letterie/Robin und die wilden Ritter, Illustrationen von: Rick de Haas © 2008 Arena Verlag GmbH, Würzburg;
S. 142.1: MEV Verlag GmbH, Augsburg;
S. 142.2: Mauritius Images (age fotostock), Mittenwald;
S. 142.3: Mauritius Images (Pigneter), Mittenwald;
S. 142.4: Okapia (Manfred Danegger/P. Arnold), Frankfurt;
S. 142.5: Werner Otto Reisefotografie - Bildarchiv, Oberhausen;
S. 145.1: Das Fotoarchiv (Michael Schwerberger), Essen;
S. 149.1: Bildagentur Huber, Fotoverlag (R. Schmid), Garmisch-Partenkirchen;
S. 154.1: Mauritius Images (Ball), Mittenwald;
S. 156.1: Erich Kästener, „Don Quichotte", © Verlag Friedrich Oetinger GmbH, Hamburg;
S. 156.2: AKG, Berlin;
S. 159.1: Edition SEE-IGEL, Reutlingen;
S. 159.2: aus: Munro Leaf, Ferdinand der Stier, © 2007 Diogenes Verlag AG Zürich;

S. 160.1: Mauritius Images (SuperStock), Mittenwald;
S. 160.2: Mauritius Images (PowerStock), Mittenwald;
S. 161.1: AKG (Erich Lessing), Berlin;
S. 161.2: Ullstein Bild GmbH (AISA), Berlin;
S. 162.1: Pablo Picasso, „Der Feinschmecker", © Succession Picasso/VG Bild-Kunst, Bonn 2009, Foto: The Art Archive (National Gallery of Art Washington), Berlin;
S. 163.1: Pablo Picasso, „Maya mit Boot", © Succession Picasso/VG Bild-Kunst, Bonn 2009, Foto: AKG (DACS), Berlin;
S. 163.2: Ullstein Bild GmbH (Imagno), Berlin;
S. 175.1: AKG (IMS), Berlin;
S. 175.2: Astrid Lindgren, „Ferien auf Saltkrokan", © Verlag Friedrich Oetinger GmbH, Hamburg;
S. 175.3: Astrid Lindgren, „Immer dieser Michel", © Verlag Friedrich Oetinger GmbH, Hamburg;
S. 175.4: Astrid Lindgren „Pippi Langstrumpf", © Verlag Friedrich Oetinger GmbH, Hamburg;
S. 176.1: Interfoto (Mary Evans Picture Library), München;
S. 180.1: Helga Lade (D. Rose/Helga Lade Fotoagentur), Frankfurt;
S. 183.1: aus: Andreas Steinhöfel, „Es ist ein Elch entsprungen" © Carlsen Verlag GmbH, Hamburg 2002;
S. 187.1: Rotraut Susanne Berner: Das Hausbuch der Weihnachtszeit, Copyright © 2001 Gerstenberg Verlag, Hildesheim;
S. 189.1: Arco Images GmbH (D. Usher), Lünen;
S. 190.1: blickwinkel (G. Stahlbauer), Witten;
S. 190.2: mediacolor's P & F Müller (Finn/cmi), Zürich;
S. 190.3: WILDLIFE Bildagentur GmbH (R. Nagel), Hamburg;
S. 190.4: Okapia (maks Kunc/Okapia 1988), Frankfurt;
S. 191.1: blickwinkel (H. Schmidbauer), Witten;
S. 191.2: WILDLIFE Bildagentur GmbH (P. Hartmann), Hamburg;
S. 191.3: blickwinkel (W. Holzenbecher), Witten;
S. 191.4: Pixelio.de (Claudia Brefeld), München;
S. 199.1: Aus: e.o. plauen „Vater und Sohn" in Gesamtausgabe Erich Ohser © Südverlag GmbH, Konstanz, 2000;
S. 199.2: Aus: e.o. plauen „Vater und Sohn" in Gesamtausgabe Erich Ohser © Südverlag GmbH, Konstanz, 2000;
S. 199.3: Aus: e.o. plauen „Vater und Sohn" in Gesamtausgabe Erich Ohser © Südverlag GmbH, Konstanz, 2000;
S. 199.4: Aus: e.o. plauen „Vater und Sohn" in Gesamtausgabe Erich Ohser © Südverlag GmbH, Konstanz, 2000;
S. 199.5: Aus: e.o. plauen „Vater und Sohn" in Gesamtausgabe Erich Ohser © Südverlag GmbH, Konstanz, 2000;
S. 199.6: Aus: e.o. plauen „Vater und Sohn" in Gesamtausgabe Erich Ohser © Südverlag GmbH, Konstanz, 2000

Nicht in allen Fällen war es uns möglich, den Rechteinhaber der Abbildungen ausfindig zu machen.
Berechtigte Ansprüche werden selbstverständlich im Rahmen der üblichen Vereinbarungen abgegolten.